LG Way

엘지 웨이

LG Way

엘 지 웨 이

노경목 · 고재연 지음

한국경제신문

더 길게 되돌아볼수록
더 멀리 내다볼 수 있다

기자들은 취재를 위해 초대받지 않은 자리에도 가야 할 때가 많다. 2018년 5월 별세한 구본무 회장의 빈소도 그런 자리였다. 서울대병원 장례식장 밖에 서서 오가는 이들에게 고인에 대한 이야기를 들었다. 총수의 갑작스러운 별세로 LG가 세간의 큰 관심을 받고 있던 데 반해, 장례식장은 한가했다. '조문과 조화를 받지 않겠다'는 총수 일가의 방침 때문이었다. 그런 분위기에서 필자들은 구본무 회장의 죽음과 LG라는 기업의 의미에 대해 찬찬히 생각해볼 기회를 가졌다. 달빛에 물든 와인빛 구름이 조용히 흘러가던 봄밤이었다.

2017년 창립 70주년을 맞은 LG그룹은 한국 사람들에게 친숙한 기업이다. 잠시 책에서 눈을 떼 집 안을 둘러보라. TV와 냉장고, 화장품, 치약, 세제까지 분명히 LG 제품 하나는 있을 것이다. 하지만 실제로 우리는 LG에 대해 얼마나 알고 있을까. 현대의 정주영 · 정몽구, 삼성의 이병철 · 이건희 등에 비하면 LG의 오너 경영인들은 일반인에게 이름부터 생소하다. 성장 과정과 경영 방식에 대해서도 회사에서 편찬한 사사 이외에는 참고할 만한 책이 없다. 오히려 21세기로 넘어오면서 해체된 대우그룹에 대한 자료가 더 많을 정도다.

우리는 계속 LG를 이렇게 몰라도 되는 걸까. 필자들의 문제의식은 여기서 시작됐다. LG는 삼성, 현대와 차별화되는 자신만의 성공 스토리를 써왔다. 산업화 과정에서 사업 확장에 나서기도 했지만, 전자와 화학이라는 두 기둥만은 창업 이래 꾸준히 유지하며 기술을 축적해왔다. 속도와 실행력을 강조하는 다른 대기업 집단과 비교할 때 LG는 '축적'과 '깊이'라는 키워드가 두드러진다. 그런 점에서 LG의 성장사는 한국 기업들이 공유해야 할 중요한 자산이다. 스타트업 열기와 함께 창업 붐이 부는 지금, 후배 기업들이 어둠

속에서 빛을 따라 걸을 한국 기업사의 별이다.

LG는 기업의 사회적 책임과 경영 투명성이 날로 중요해지는 오늘날 더욱 주목받는 기업이기도 하다. 흔히 '착한 기업'으로 불리는 LG의 이미지는 하루아침에 만들어진 것이 아니다. 직급의 고하를 막론하고 '갑질'을 경계하는 오너 일가의 엄격한 교육, 아무리 힘들어도 인위적 구조조정에 나서지 않는다는 경영 원칙, 당장 도움이 되더라도 반칙은 하지 않는다는 기업문화 등이 오랫동안 쌓여온 결과다. LG는 이런 원칙을 지키면서 70여 년간 끊임없이 성장해왔다. 지금 한국 사회와 경제계가 LG라는 화두를 곱씹어봐야 하는 이유다.

자본주의 경제에서 기업의 첫 번째 목표가 이윤 추구라는 점은 의심할 바 없다. 상황에 따라서는 이와 상충할 수도 있는 원칙들을 지키면서 LG가 70여 년간 커올 수 있었던 비결이 무엇일까. 필자들의 가장 큰 궁금증이 그것이었다. 우리는 그 궁금증을 풀어줄 키워드가 바로 '기본'임을 발견했다. 창업 초기부터 다져온 기초와 근본을 꾸준히 강조하며 혁신의 단절성보다는 축적의 연속성에 기반했기에 어려운 순간에도 원칙을 배신하지 않는 경영이 가능했다는 것이다.

책의 목차는 필자들이 궁금증을 해결하며 밟은 단계이기도 하다. '오너의 기본'에서는 LG라는 기업의 근원을 알기 위해 창업주 이후 오너들의 경영철학을 살폈다. 이어, 경영권 다툼 한 번 없이 70여 년간 꾸준히 성장한 비결은 '기업의 기본'에서 알아봤다. '혁신의 기본'은 LG의 계열사들이 구체적인 사업을 영위하며 어떻게 기본을 체화했는지 분석한 장이다. LG라고 위기가 없진 않았을 터, 그런 위기 상황에서 기본이 어떤 역할을 했는지는 '위기 극복의 기본'에서 짚어봤다. 그리고 '미래 준비의 기본'에서는 기본을 통해 LG가 미래를 어떻게 써나갈지를 다뤘다.

"더 길게 되돌아볼수록 더 멀리 내다볼 수 있다." 훌륭한 정치인 이전에 역사가였던 윈스턴 처칠의 말이다. 치열한 경쟁 속에서 분투하는 기업인, 직장인들이 앞날을 내다보는 데 이 책이 조금이나마 도움이 됐으면 한다. 미리 밝히건대 이 책은 미흡한 점도 많이 안고 있다. 아무쪼록 LG에 대한 더 훌륭한 책이 탄생하는 과정에도 이바지할 수 있기를 바란다.

필자들이 취재 현장에서 만난 LG인들에게 먼저 감사 인사를 전한다. 그들의 열정과 신념을 가까이서 지켜보며 받은 감동이 없었다면 1년에 걸친 고단한 작업을 해내기 어려웠을 것이다. 집필 과정을 응원해준 〈한국경제신문〉 선후배들과 동료들에게도 감사드린다. 아울러 〈한경BP〉 편집자들의 노고가 없었다면 책은 함량 미달인 상태로 세상에 나왔을 것이다. 마지막으로, 언제나 가까이서 힘이 돼주는 가족에게 감사의 마음을 전한다.

LG Way
엘지 웨이
차　례

1장

사랑해요 LG

오너의 기본

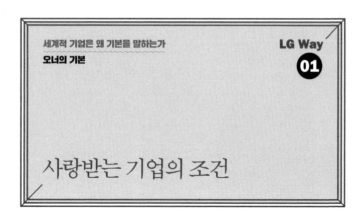

사랑받는 기업의 조건

꿈을 찾아준 정원사

LG그룹 구본무 회장이 별세하고 열흘쯤 지난 어느 날, 신문 사로 한 통의 전화가 걸려왔다. 젊은 여성이 떨리는 목소리 로 LG그룹 출입 기자를 찾았다.

"망설이다 전화 드렸어요. 돌아가신 구본무 회장님에 대 해 드릴 말씀이 있습니다."

TV 드라마 단골 소재인 '출생의 비밀' 같은 이야기가 아 닐까 하는 생각이 머리를 스쳤지만, 사연인즉 이러했다. 전화를 걸어온 여성은 미국에서 광고·홍보 일을 하는 한나 씨. 지금은 인정받는 광고인이 됐지만 회장님이 아니었다면 자신의 오늘은 없었을 거라며, 그녀는 구본무 회장과의 사연을 풀어놓았다.

경기도 이천의 한 시골 마을에서 나고 자란 한나 씨에게는 꿈이 없었다. 건강이 좋지 않아 돈을 잘 벌지 못하는 아버지, 지병으로 다리가 불편한 어머니와 함께 살면서 중학교 시절부터 온갖 아르바이트로 돈을 벌어 생활비에 보탰다. 실업계 고등학교 3학년이던 2003년, 여름방학이 되자 옆 동네에 있는 LG 교육기관 인화원에서 아르바이트를 했다. 스낵코너에서 음식을 나르고 청소를 하는 일이었다.

그날은 소나기가 세차게 내렸다. 일이 끝난 4시, 스낵코너를 정리하고 있는데 노란 우비를 입은 사람이 걸어 들어왔다. 그가 다가와 말했다.

"몸이 젖어 그러는데 수건 있으면 좀 주게나."

한나 씨가 수건을 건네자 그는 고맙다며 얼굴의 물기를 닦았다. 아르바이트생들이 누구시냐고 물었더니 그가 이렇게 답했다.

"나는 인화원에서 꽃과 나무를 가꾸는 정원사야."

그날 이후 정원사 아저씨는 간간이 스낵코너에 들렀다. 학생들은 스스럼없이 그를 대했고 때로는 이렇게 놀리기도 했다.

"아저씨는 나이가 많아서 할아버지라고 불러야겠어요."

어느 날 정원사 아저씨가 2층 높이에 달린 벌집을 물끄러미 보고 있다가 말했다.

"한나야, 저 벌집 좀 떼어줄 수 있겠니?"

"공짜로요?"

아이스크림 한 통으로 계약은 성사됐다. 시골의 삶에 익숙한 한나 씨는 능숙하게 벌집을 제거했다.

한나 씨가 정원사 아저씨의 정체를 알게 된 건 첫 만남이 있은 지 2년이 지나서였다. 인화원에서 LG 주요 경영진이 참석하는 회의가 열렸다. 대학에 들어가서도 계속 인화원 아르바이트를 하던 한나 씨와 다른 학생들도 가서 일을 도왔다. 그런데 회의장 한가운데의 '회장'이라는 이름표 뒤에 정원사 아저씨가 앉아 있었다. 옆에 다가간 한나 씨가 작은 목소리로 말했다.

"대박! 회장이셨어요? 왜 여태 말씀 안 하셨어요!"

정원사 아저씨의 정체는 다른 아르바이트생들에게도 곧

전해졌다.

"그래 봤자 다 물려받으신 거 아니에요?"

구 회장은 껄껄 웃었다.

"물려받은 기업을 키우려면 얼마나 노력해야 하는지 알아?"

아르바이트 마지막 날, 구 회장은 한나 씨에게 봉투 하나를 내밀었다. 안에는 1000만 원이 들어 있었다.

"중요한 시기니 공부에 전념했으면 한다."

한나 씨는 이 돈으로 학자금 대출을 갚았다.

대학을 졸업하고 한나 씨는 광고회사에 계약직으로 취업했다. 그리고 다시 한번 구 회장과 재회했다. 한나 씨가 일하는 건물에서 열린 회의에 참석하기 위해 방문한 그와 우연히 마주친 것이다. 구 회장은 한나 씨를 기억하고 반가워했다. 며칠 뒤 한나 씨는 회사로부터 정식 인턴 기회가 주어졌다는 연락을 받았다. 정규직 사원이 될 수 있는 길이 열린 것이다. 알고 보니 구 회장 덕분이었다. 그날 회의를 마치고 돌아간 구 회장은 한나 씨가 일하는 회사의 사장에게 직접 전화를 걸었다.

"순수한 아이이고 성실한 사람이니, 믿고 일을 맡겨도 좋을 겁니다.”

이후 한나 씨는 광고 업계에서 승승장구했다. 업무 능력을 인정받아 미국 파견 기회까지 얻었다. 이를 악물고 노력해 미국 현지 업계에서도 자리를 잡았다.

한나 씨와 구본무 회장의 동화 같은 사연이 신문을 통해 소개되면서 정말로 있었던 일이냐고 묻는 전화가 많았다.

진위를 확인하기 위해 한나 씨가 처음 구본무 회장을 만나던 당시 함께 일했던 아르바이트생 3명을 만났다. 그들도 한나 씨와 마찬가지로 구 회장과의 첫 만남을 인상 깊게 기억했다. 그들의 추억 속에서 구 회장은 동네 아저씨처럼 푸근한 사람이었다. 인화원에서 회의가 있던 날 철없이 떠들고 있던 아르바이트생들에게 구 회장은 “왜 이렇게 시끄럽냐. 좀 조용히 해라”라고 말했다. 그중 가장 당돌하던 한 아르바이트생이 “아이스크림 사주시면 조용히 할게요”라고 대답했고, 곧 모두에게 아이스크림 하나씩이 쥐어졌다는 에피소드도 추가로 들을 수 있었다.

인화원에서 아르바이트를 하던 시절, 퇴근할 때면 한나 씨는 인화원 앞에서 마을버스를 기다리는 구 회장을 종종 목격했다. 재벌 회장님이 자가용을 안 타고 왜 버스를 타시

느냐고 물으면, 구 회장은 버스도 타봐야 세상 돌아가는 일을 제대로 알 수 있다며 웃었다고 한다. 그때 구 회장은 마을버스를 타고 어디로 갔을까. 한나 씨는 지금도 궁금하다.

기업 총수 의전 시스템을 생각하면 거의 불가능한 일이지만, 구 회장이었기에 가능한 일이었을 것이다. 구 회장은 의전을 좋아하지 않았다.

어느 CEO의 추억

LG 계열사의 한 CEO가 구본무 회장을 추억하며 말했다.

"아무리 생각해도 저는 회사생활을 너무 편하게 한 것 같습니다."

오랜 기간 총수 곁에 있었던 기업 CEO들에게는 의전과 관련한 악몽이 하나씩은 있게 마련이다. 하지만 그는 의전 때문에 고생한 경험이 단 한 번도 없다고 했다.

"화담숲에서 행사가 있을 때면, 회장님은 의전은커녕 CEO들 차에 감자며 옥수수를 한 박스씩 실어주시곤 했습니다. 돌아가는 길에 먹으라고 삶은 감자와 옥수수를 따로 챙겨주시기도 했고요. 늘 상대를 배려하고 위하셨던 회장님의 모습이 오래도록 떠오를 것 같습니다."

그는 자신을 '복 받은 CEO'라고 했다. 구 회장이 전문 경영인의 역할을 무한히 신뢰하는 오너였기 때문이다. 구 회장은 지주사와 계열사의 의견이 부딪힐 때면 계열사 CEO의 판단을 우선시했다. 그러면서도 중요한 순간엔 승부사기질을 보였다. 1등이 되려면 남들이 안 가는 길을 가야 하며, 국내에서 아웅다웅하기보다 해외에서 승부해야 한다는 생각도 강했다.

그렇게 '1등 LG'를 늘 강조했지만, 편법·불법을 동원해야만 1등을 할 수 있다면 안 하는 게 낫다고 했다. 정권에 기대어 하는 사업은 반드시 문제가 된다고 믿었다. 기업에는 정치권이나 행정부처 인사들과 교류하며 정보를 취합하는 직원들이 있다. 입법과 정부 허가 과정에 로비를 하기도 하고, 오너와 관련된 재판이나 검찰 조사가 있으면 진행 상황도 적극적으로 알아본다. 대기업 중 이런 일을 하는 인원이 가장 적은 곳이 LG다. LG의 대관 담당 직원은 기초적인 흐름을 파악하는 것 이상의 역할을 요구받지 않는다. 그러다 보니 법원이나 검찰청이 있는 서초동에 가면 LG 직원들이 가장 길을 헤맨다고 한다. 오너 문제로 법조인들을 자주 상대해야 해서 동네 지리에 밝은 여타 기업 직원들과 달리 그럴 일이 없어서다.

정치 권력에 기대어 부정한 힘을 얻는 대신 구 회장은 스스로 든든한 뒷배가 돼 LG에 힘을 실어줬다. 오랜 연구개발(R&D)이 필요한 분야에서는 묵묵히 기다려줬고, 투자 규모가 큰 사업에는 전폭적으로 지원했다. 오랜 연구개발이 필요한 사업 분야에서 LG가 강점을 보이는 이유다.

구 회장은 무엇보다 사람을 존중하고 배려했다. 2008년 글로벌 금융위기 때도 구조조정은 절대로 하지 말라고 했다. 직원을 기계의 부속품이 아니라 인간으로 봤기 때문이다. 인재에 대한 욕심도 남달랐다. 미국 경기가 좋지 않다는 얘기가 들리면 미국에 가서 좋은 인재들을 데려오라고 할 정도였는데, 기업들이 어려워질수록 갈 곳을 찾지 못해 인재들이 시장에 많이 나온다는 의미였다. 그렇게 '모셔온' 직원들을 구 회장은 '사람'으로 대했다. 기업 총수로서 돈만 벌면 그만이라는 태도는 한 번도 보인 적이 없었다.

CEO들과 함께 식사할 기회가 생기면 종종 이렇게 묻곤 했다.

"요즘 CEO 월급은 충분한가? 애들 키우고 공부시키는 데 불편함은 없는가?"

CEO들이 놀란 눈으로 바라보면 구 회장은 이런 말을 덧붙였다.

"난 이렇게 당신들에게 관심을 가질 테니, 당신들도 밑에 있는 사람들 잘 좀 챙겨주소."

직원을 자신의 부를 늘려가는 데 필요한 도구로 생각하지 않으니, 젊은 직원부터 나이 든 CEO까지 회사에 대해 충성심을 가질 수밖에 없었다.

사람이 먼저라는 인식과 정치 권력에 기대지 않는 정도 경영은 LG의 가장 기본적인 철학이다. 이 두 가지만 지켜도 기업은 사랑받는다. LG의 이미지가 좋은 이유가 바로 여기에 있다. '복 받은 CEO'는 마지막으로 이렇게 말했다.

"대한민국 기업에 대한 이미지가 어떻습니까. 사회에 기여하는 부분이 많은데도 사람들은 대기업을 미워합니다. 구본무 회장님은 그런 이미지를 많이 희석해주셨지요. LG의 브랜드 가치를 한참 올려주셨습니다."

회장님, 우리 회장님?

옆집 아저씨 같은 소탈함

구본무 회장이 세상을 떠난 2018년 5월 20일은 일요일이었다. 직원들은 집에서 비보를 들었고, 곧 전사적인 애도 행사가 있을 것으로 예상했다. 하지만 징검다리 휴일로 수요일에 출근했을 때, 그 흔한 추모 방송 하나 없었다. 아침 9시에 영정 사진이 사내 곳곳에 있는 TV 화면에 띄워지고 "구본무 회장님이 지난 20일 별세하셨습니다. 함께 5분간 묵념합시다"라는 말만 나왔을 뿐이다.

다른 기업에서 갓 이직해온 한 직원은 이런 분위기에 놀라워했다. 이전 회사에서는 오너가 사망했을 때 직원들이 모두 도로변에 나가 운구차를 향해 고개를 숙였는데, 이번엔 묵념뿐이라 허탈하기까지 했다고. 그 직원만이 아니라, 3일 동안 가족장으로 치러져 조문도 못 갔는데 묵념만 하고 끝나자 많은 직원이 아쉬워했다.

이는 고인의 생각에 따른 것이었다. 생전에 구 회장은 가족 행사가 바깥에 알려지는 것을 싫어했다. 직원들과 고객, 협력업체들에 부담을 줄 수 있기 때문이었다. 아무리 소탈한 사람도 관혼상제 자체를 비밀에 부치지는 않는다. 하지만 구 회장은 자신의 위치를 알았기에 남들에게 폐가 되지 않도록 자녀들 결혼식도 조용히 치렀다. 2006년 큰딸 연경 씨의 결혼식은 경기도 광주의 골프장에서 친인척만 모인 가운데 치렀고, 2009년 아들 광모 씨의 결혼식 때도 가까운 이들만 모였다.

다른 행사에도 그는 소리 없이 움직였다. 지인의 경조사에는 수수한 옷차림으로 조용히 다녀갔고, 언론사나 고객사의 행사에는 공식 석상에 나서야 하는 경우가 아니면 수행원 없이 혼자 찾기도 했다. 서울 중심가의 교통체증을 피해 수백 미터를 걸어가 행사에 참석한 뒤 운전사를 불러 돌아가는 날도 있었다. 저녁 식사 자리가 길어지면 퇴근이 늦어질 운전기사를 먼저 귀가시키고 본인은 택시를 타고 집으로 돌아가는 것으로도 유명했다.

단골 평양냉면집, 간장게장집에 다닐 때도 수행비서를 동반하지 않았다. 식당에서도 반말로 음식을 주문하는 경우는 없었으며, 종업원들에게는 손안에 쏙 들어올 크기로 접은 1만 원이나 2만 원을 살짝 쥐여줬다. 식당 손님들은 옆에서 보고서도 구 회장을 알아보지 못했다.

대기업 오너 일가라면 당연하다시피 공항 귀빈실을 이용했지만, 구 회장은 귀빈실 이용을 꺼렸다. 임원 시절에는 해외 출장을 나갈 때 현지 직원들이 공항에 마중 나오는 것도 불편해했다. 직원들의 시간과 에너지를 빼앗고 싶지 않았던 것이다. 그는 누구보다 직원을 아꼈다. 복도에서 마주치면 "수고 많으십니다"라며 먼저 인사를 건넸고, 좀처럼 반말을 쓰지 않았으며, 회의 석상에서 호통을 치거나 큰 소리로 꾸짖는 일도 거의 없었다. "어떻게 하다 이렇게 된 것이죠?" 정도가 강도 높은 비난이었다. 너무 둥글둥글한 말이 직원들의 긴장을 불러일으키지 못하는 것 아니냐는 문제 제기

도 있었지만, 정작 직원들은 구 회장의 표정만 굳어도 식은
땀을 흘렸다. 온화한 표정과 따뜻한 말투의 평소 모습이 아
니기 때문이다.

이런 에피소드들이 알려지면서 구 회장의 소탈함은 LG
바깥의 사람들에게도 사랑을 받았다. 이는 개인적 성품이기
도 했지만, 실은 오랜 가풍에서 비롯된 것이었다.

4대를 이어온 겸손의 뿌리

구본무 회장의 뒤를 이은 아들 구광모 역시 권위주의적인
모습과는 거리가 멀다. 40세의 나이에 그룹 총수가 된 그는
호칭에서부터 권위를 내려놓기로 하고 자신을 '회장'이 아
니라 '대표'로 불러달라고 했다. 자신보다 나이가 20세 가
까이 많은 전문 경영인들의 경험과 연륜을 최대한 존중하
겠다는 의미이기도 했다. 이후 LG는 각종 보도자료에 그를
'구광모 대표'라고 표기하고 있다.

구광모 대표가 아직 임원이던 시절, 직원들은 그를 자주
마주쳤다. 지하 1층 사원식당에서 저녁을 먹고 야근을 하

는 날이 잦았기 때문이다. 직원들은 식사를 마치고 흡연실로 향하는 그의 모습을 일주일에 한 번은 볼 수 있었다. 어떤 직원은 수개월 동안 지하 1층에서 마주쳐 낯이 익을 때쯤 동료가 '회장님 아들'이라고 귀띔해주어 누군지 알았다고도 한다. 상사의 지시를 이행하기 위해 바쁘게 달려가는 모습도 자주 목격됐다. 직장인으로서 당연한 일이지만, 본인의 직급과 관계없이 상급자에게도 군림하는 오너의 자녀들이 적지 않은 현실에서 이는 신선한 충격이었다.

이런 겸손함과 소탈함은 창업회장 때부터 자연스럽게 배어 나오던 것이었다. 1947년 락희화학을 설립한 구인회 창업회장은 누구보다 먼저 출근해서 사무실과 작업장을 말끔히 청소하고, 각종 원료를 챙긴 뒤 쓰레기를 치우고 건물 앞에 물을 뿌렸다. 직원들에게 좀 일찍 출근해 청소를 하라고 지시할 수도 있었지만, 그는 직원들이 조금이라도 편하게 일할 수 있도록 회사의 청소부를 자처했다.

금성사를 세워 전자 산업에 진출한 1958년, 젊은 직원 한 명과 유럽으로 출장을 간 그는 직원에게 이렇게 말했다.

"각자 하고 싶은 걸 하고 호텔에서 만납시다."

당시는 외국에 나갈 기회 자체가 드물었다. 그래서 정치인이나 기업가들은 수행하는 이들을 앞세워 밤늦게까지 돌아다니는 게 보통이었는데, 그는 직원에게 자유 시간을 준 것이다.

사업이 웬만큼 자리를 잡은 이후에도 전차만 타고 다녔고, 담배는 비싼 것과 싼 것 두 가지를 가지고 다니면서 좋은 담배는 다른 이에게 권하고 본인은 싼 담배만 피웠다. 군복 상의 하나로 수년을 지내기도 했다. 해방 이후 기업을 일으킨 1세대 기업가들 사이에서 볼 수 있는 절약정신에 자신을 낮추는 겸손함이 더해진 모습이었다.

신입사원이 들어오면 아들뻘 되는 이들에게도 '형'이라는 존칭을 붙여 불렀고, 운전기사를 비롯해 모든 직원을 높임말로 대했다. 지금이라면 이해하기 어려운 '갑질'조차 당연한 것으로 받아들여지던 시대였던 만큼 일부 임원이 불만을 토로하기도 했다.

"회장님이 아랫사람에게 말을 높이시면 저희는 불편해서 어떻게 일하겠습니까."

돌아온 답은 명쾌했다.

"그 사람이 어디 우리 하인이라도 됩니까. 우리와 함께하는 고마운 직원 중 한 명입니다."●

자녀들도 이런 태도를 갖게 하도록 노력했다. 한번은 딸과 함께 외출을 하는데, 마침 아버지의 와이셔츠와 운전기사의 와이셔츠가 같은 것을 발견한 딸이 두 분 옷이 똑같다며 농담을 했다. 구인회 창업회장은 바로 운전기사에게 사과하고는 딸을 나무랐다.

"대학까지 다니면서 경우도 없이 어떻게 그런 말을 하느냐."

LG의 인간존중 철학과 오너 일가의 겸손함은 이처럼 뿌리가 깊다. 이는 개인적인 미덕에 그치지 않고 기업 전체의 경쟁력이 됐다. 오너가 자신을 낮추면 직원들은 더 큰 잠재력을 발휘할 수 있고, 이는 조직의 성과로 이어진다. 권위주의와 갑질 등 불합리한 문제가 야기하는 스트레스 없이 일에 몰두할 수 있기 때문이다.

최근 갑질에 대한 사회적 분노가 크다. 스마트폰으로 사진과 동영상을 촬영하는 일이 일반화되고, 이런 콘텐츠가 SNS를 통해 빠르게 퍼지는 세상이 되면서 갑질은 기업에 새로운 리스크로 등장했다. 논란이 된 기업은 매출이 감소

● 이경윤,《LG 구인회처럼》

오너가 자신을 낮추면 직원들은 더 큰 잠재력을 발휘할 수 있고, 이는 조직의 성과로 이어진다. 권위주의와 갑질 등 불합리한 문제가 야기하는 스트레스 없이 일에 몰두할 수 있기 때문이다.

하거나 주가가 떨어지고 오너가 경영 일선에서 물러나기도 한다.

그런데 곰곰이 생각해보면 갑질하는 오너들은 과거에 하던 대로 행동했을 뿐이다. LG의 오너들도 마찬가지다. 구인회 창업회장부터 구자경 명예회장, 구본무 회장과 구광모 대표에 이르기까지 4대에 걸쳐 겸손과 배려가 몸에 배었기 때문에 오늘의 LG가 있을 수 있었다. 직원들과 고객 앞에서 자신을 낮추고 상대를 높이는 것이 결국 기업의 격을 높이고 변화 속에서도 안정적인 경영을 이어온 기틀이었다.

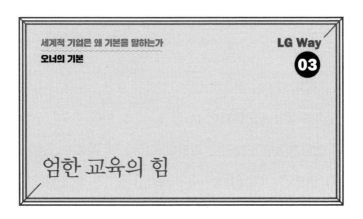

엄한 교육의 힘

타인에게는 온화, 자녀에게는 엄격

타인에게 온화했던 LG 총수들은 자녀, 특히 경영권 승계를 염두에 둔 장자에게는 매우 엄격했다.

"나의 간절한 소망은 아버님께 칭찬 한마디 듣는 것이었습니다."

"회사 깃발을 넘겨받을 때 아버님의 손을 처음 만져봤을 정도로 다가가기 힘든 분이었습니다."

같은 사람에 대해 이야기하는 것 같지만 여기서 '아버님'

은 각각 구인회 창업회장과 구자경 명예회장이다. 구본무 회장은 취임 초기 인터뷰에서 이렇게 말한 적이 있다.

"우리 집안은 경상도 유교 집안이라 어른들로부터 엄하게 교육받아왔습니다."

엄한 교육을 받으며 자란 것은 구인회 창업회장도 마찬가지였다. 아버지 구재서 공은 아들에게 고무신 한 켤레를 사주면 항상 언제까지 신어야 한다는 사용 기간을 정해줬다. 고무신이 닳아 못 신게 되거나 잃어버리더라도 그 기간이 끝나기 전에는 다시 사주지 않았다. 혹시나 그런 일이 생기면 맨발로 다닐 수밖에 없었다. 진주에서 남 못지않은 부잣집이었지만, 물자의 소중함을 알려주기 위해 어린 시절부터 이렇게 절약정신을 새기게 했다. 이런 가풍은 지금까지도 이어지고 있는 것으로 보인다. 재벌가의 아이들을 가까이서 볼 기회가 많았던 한 교육 업계 관계자는 LG의 구씨 일가 자제들은 재벌가 아이들 사이에서 특히 눈에 띄었다고 했다. "유복한 아이들 사이에서 구씨네 자제들만 유독 떨어진 실내화를 신거나 낡은 옷을 입었다. 정해진 기간을 채우지 않으면 부모님이 새 옷이나 신발을 사주지 않는다는 이야기를 나중에 들었다."

엄하게 자란 그가 자식들 또한 엄하게 키운 것은 당연한 일일지 모른다. 락희화학을 세우고 4년째 접어들었을 때, 일손이 부족해지자 그는 큰아들 구자경을 사업장으로 불러들였다. 구자경은 해방된 나라의 어린이들을 키우는 교사의 삶에 만족하고 있었지만, 아버지의 영을 거역할 순 없었다. 교편을 잡던 손으로 낮에는 기계를 만지고 밤에는 공장을 지켰다. 숙직을 할 때는 바닥에 판자를 깔고 잠을 잤고 겨울에는 군용 슬리핑백 하나로 추위를 견뎠다.

그렇게 숙직을 하고 나면 새벽 5시에 일어나 판매 준비를 했다. 상인들이 오기 전에 플라스틱 빗은 2000개 단위로, 칫솔은 500개 단위로 포장했다. 그리고 밥때가 되면 직접 밥을 지어 공장 직원들을 먹였다. 공장이 체계를 갖출 때까지 이런 생활을 4년 가까이 했다. 하지만 구인회 창업회장은 칭찬은커녕 고생한다는 말 한마디 없었다.

1960년대에는 회사가 성장해 구인회가 그룹 회장을 맡으며 주로 서울에서 근무했는데, 그때도 구자경은 전자 및 화학 공장이 있던 부산에 남아 제품 생산을 책임졌다. 주변에서 왜 아들에게 어려운 일만 시키느냐고 물으면 구인회는 이렇게 대답했다.

"대장장이는 하찮은 호미 한 자루 만드는 데에도 담금질을 되풀이하여 무쇠를 연단하지 않습니까. 내 아들이 귀하니까 저래 일을 가르치지요."

기업을 경영하려면 생산 현장을 알아야 한다는 것이 구인회의 지론이었다. 구자경은 아버지의 생각을 충실히 따라 총수에 오르기 전까지 20년간 대부분의 시간을 기름밥을 먹으며 일했다. 이것이 일종의 전통으로 자리 잡아 LG전자, LG화학, LG디스플레이 등 주요 계열사에서는 생산 담당이 최고경영자 자리까지 올라가는 일이 종종 일어난다.

1969년 겨울, 구인회는 운명이 다할 날이 머지않았음을 직감하고 아들을 불렀다.

"자경아, 너 나를 원망 많이 했제. 기업을 하는 데 가장 어렵고 중요한 것이 바로 현장이다. 그래서 공장 일을 모두 맡긴 기다. 그게 밑천이다. 자신 있게 기업을 키워나가라."

내 아들이 잘못이다

1968년, 회사가 발칵 뒤집혔다. 중남미로 수출한 라디오 케이스가 망가져 못쓰게 된 것이다. 그 제품의 생산은 락희화학이 맡았고, 금성사에서 이를 조립하고 포장해 수출했다.

당시 구자경은 락희화학 임원으로 플라스틱 케이스 생산을 책임지고 있었다. 락희화학은 금성사 쪽에 책임을 물었다.

"도대체 포장을 어떻게 한 겁니까? 포장이 제대로 안 됐으니 운송 과정에서 부서질 수밖에요."

금성사는 락희화학의 잘못이라며 맞받아쳤다.

"애초에 케이스를 충분히 강하게 만들지 못한 탓 아닙니까?"

구인회 창업회장이 주재한 회의에서 구자경은 금성사 임원과 크게 다퉜다. 회의는 결국 괄괄한 성격의 금성사 임원이 자리를 박차고 나가면서 끝이 났다.

그런데 구인회가 따로 불러 크게 꾸짖은 사람은 금성사 임원이 아니라 아들 구자경이었다.

"싸운다고 해결될 일이 아니다. 자고로 덕 있는 지도자는 싸울 때도 인화를 생각해야 하는 거야. 이렇게 해서 앞으로 어떻게 그룹을 이끌어가겠느냐!"

그즈음 외부에서는 금성사 임원이 문책을 당할 것이라는

소문이 퍼졌다. 총수의 장남과 회의 석상에서 맞붙은 것도 모자라 자리를 박차고 나갔으니 말이다. 하지만 이어진 인사는 예상을 빗나간 것으로, 모두를 깜짝 놀라게 했다. 락희화학 임원이던 구자경은 금성사 부사장으로, 그 금성사 임원은 락희화학 부사장으로 발령을 받은 것이다. 공격하던 편의 자리로 가서 상대의 입장을 헤아리라는 뜻이었다. 아울러 당사자들을 모두 승진 발령해 어느 쪽에도 부담이 가지 않도록 배려한 조치였다.

이처럼 구인회는 아들이 다른 임직원과 갈등을 빚더라도 결코 편을 들어주는 법이 없었다. 총수가 되기 전까지는 상급자의 말을 철저히 따르도록 가르쳤다. 아버지의 가르침을 마음 깊이 새기고 실천했던 구자경 명예회장은 본인의 자식들 역시 같은 방식으로 키웠다. 자식들이 쉽고 편한 길을 가기보다 힘든 길을 가더라도 바르게 성장하기를 바랐다. 그래서 군 복무도 성실히 시켰다. 구본무 회장이 현역 육군 병장으로 제대했고 동생 구본능 희성그룹 회장, 구본준 LG그룹 고문, 구본식 LT그룹 회장 역시 현역으로 복무했다. 현역병 복무 기간이 지금의 2배에 가까운 3년이었던 데다 특히 고위층은 갖은 편법으로 군 복무를 회피하려 들던 때였다. LG가 대기업 중에 병역을 성실히 이행하기로 이름난 데는 이런 배경이 있다.

　대중은 대기업 총수 일가에 큰 관심을 보인다. 때로는 소소한 일상사까지 사람들 입에 오르내리곤 한다. LG가 한국 사회에서 이미지가 좋은 이유 중 하나는 총수 일가가 법적으로나 윤리적으로 물의를 거의 일으키지 않기 때문이다. 그리고 이는 자녀들에게 엄한 LG가의 오랜 전통 덕분이다.

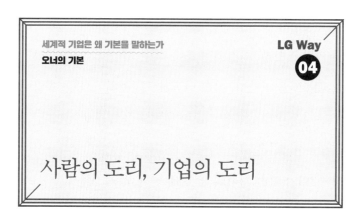

사람의 도리, 기업의 도리

정권의 눈 밖에 나더라도

2009년 봄 노무현 전 대통령이 서거했을 때 주요 대기업 총수들은 아무도 빈소를 찾지 않았다. 제일 먼저 조문한 총수가 구본무 회장이었다. 주변에서는 현 정권이 싫어할 수 있다며 만류했지만 구 회장은 개의치 않았다.

"그런 이유로 도리를 저버리면 안 됩니다."

조문을 마치고 나서는 노 전 대통령의 고향인 김해 봉하마을에 약밤나무를 보냈다. 2007년 남북정상회담 당시 노

전 대통령과 함께 북한을 찾았던 구 회장은 식사 자리에 나온 약밤을 맛본 노 전 대통령이 "작은 밤이 참 맛있다"라고 말하는 것을 들었다. 이후 한국에서는 구하기 힘든 약밤나무 종자를 구해 묘목을 키운 뒤 봉하마을로 보낸 것이다.

노무현재단은 그런 사실을 외부에 알리지 않았다. 구 회장과 LG가 혹여 청와대 눈 밖에 날까 봐 걱정해서였다. LG전자에 다니고 있던 노 전 대통령의 장남 노건호 씨 역시 자신이 회사에 부담이 될 것을 우려해 떠나겠다는 뜻을 밝혔다. 이를 전해 들은 구 회장은 건호 씨를 불러 만류했다.

"자네가 떠나면 내가 아버님께 면목이 없지 않겠나."

정치권과 가능한 한 거리를 두었던 구 회장은 노 전 대통령과는 우호적인 관계를 유지했다. 그 시작은 허심탄회한 대화였다. 2003년 대통령과 재계 인사들이 서울의 한 삼계탕집에서 식사를 했을 때다. 두 사람은 서로의 격의 없고 소탈한 모습에 호감을 느꼈다. 하지만 두 사람의 관계는 노 전 대통령이 국가원수로 나라를 이끌 때는 전혀 알려지지 않았다. LG가 정부로부터 특혜를 받거나 하는 일이 없었기 때문이다. 정권이 바뀌고 노 전 대통령이 타계하고 나서야 세상에 알려졌다.

살아 있는 권력은 무서워하지만 죽은 권력은 거들떠보지도 않는 것이 인간사의 생리다. 하지만 구 회장은 전임 대통령과의 의리와 도리를 지켰다. 대기업 총수 대부분이 조문을 가지 않았기에 조문하지 않더라도 책잡힐 이유는 없었다. 오히려 조문하는 것이 튀는 행동이었다. 노건호 씨가 LG를 떠난다고 해서 회사가 노 전 대통령의 가족을 핍박하는 것으로 생각할 사람도 없었을 것이다. 정권의 눈 밖에 난 기업은 고초를 겪을 수밖에 없는 한국적 현실에서, 구 회장의 행동은 오히려 손해를 불러올 수도 있었다. 당장의 이해득실만 따졌다면 할 필요가 없는 행동이었다.

도리를 중요시하는 오너의 태도는 반칙을 하지 않는 기업문화로 이어졌다. 그 덕에 박근혜 전 대통령 임기 말에 정치권과 대기업의 유착 문제가 불거졌을 때도 LG만큼은 무풍지대일 수 있었다.

국회에서 막아주시오

"LG는 다른 기업에 비해서 좀 억울하지 않나요?"

2016년 12월 '최순실 게이트' 국정조사 청문회에 참석하기 위해 구본무 회장이 국회로 들어서는 순간, 대기하고 있던 기자 중 한 명이 물었다.

대한민국에서 내로라하는 대기업 총수는 전부 출석한 청문회에서 구 회장은 기자의 눈에도 예외적인 존재였다. 청문회에서의 태도 또한 여타 증인들과는 조금 달랐다. 미르·K스포츠재단에 출연금을 낸 일을 두고 당시 새누리당 소속이던 정유섭 의원이 물었다.

"뇌물이나 대가성의 흔적이 곳곳에서 보이는데 LG만 그런 게 없어요. 피해를 봤다거나 특혜를 봤다거나 한 것이 없습니다. 그런데 왜 돈 내셨습니까?"

"문화와 스포츠를 발전시켜 국가 이미지를 높이면 경제에도 도움이 된다고 해서, 정부가 그 일을 추진하는 데 민간의 협조를 바라는 것 아닌가 생각했습니다."

하태경 의원도 물었다.

"부당한 압력이라고 생각 안 했습니까?"

"그렇게 생각 안 했습니다."

"그럼 앞으로도 명분만 맞으면 국가에서 돈을 요구할 때마다 낼 겁니까?"

"명분만 맞으면, 가령 수재의연금이나 불우이웃을 돕는 일은 앞으로도 지원할 겁니다."

"다음 대통령 들어서서 그때도 돈 내라고 하면 다 들어줄 겁니까? 또 청문회에 나올 겁니까? 정부에서 시키면 일단 거부해야 하는 것 아니에요?"

"국회에서 입법으로 막아주십시오."

왜 정권의 요구를 거부하지 못하느냐는 추궁에 구 회장은 그런 일이 불가능하도록 법을 만들어달라고 역으로 제안했다. 구 회장의 이 말은 '사이다 발언'으로 인터넷상에서 회자됐고, TV로 청문회를 지켜본 LG 직원들은 회사를 더 자랑스러워하게 됐다.

대통령을 정점으로 고위 관료들이 줄줄이 구속되던 중에 벌어진 총수의 청문회 출석은 기업 입장에서는 당연히 악재였다. 하지만 구 회장의 떳떳한 태도와 소신 있는 발언으로 LG의 이미지는 향상되면 향상됐지 타격을 받지 않았다. 정권의 힘을 업고 사업하지 않는다는 기업의 도리를 지켰기에 구 회장은 청문회에서도 꺼릴 것이 없었다.

그로부터 1년 반이 지나 구 회장이 세상을 떠났을 때, 하태경 의원은 페이스북에 부고를 띄우고 당시를 회상하며 이렇게 썼다.

"개인적인 친분은 없지만 청문회장에서 만난 그분은 이 시대의 큰 기업인이었습니다."

도리를 중시하는 구 회장의 태도는 삶의 마지막 순간에도 변함이 없었다. 건강에 이상이 있다는 사실이 알려진 것은 2017년 봄, 첫 번째 뇌수술을 받으면서다. 그 전해부터 건강이 좋지 않았지만 단순한 컨디션 난조로 여겼던 그는 평소에 즐기던 운동을 예전만큼 하지 못하게 되자 뭔가 문제가 있다는 것을 알아챘다.

진료 결과, 병명은 뇌종양. 할아버지인 구인회 창업회장이 63세의 비교적 이른 나이에 삶을 마감한 것과 똑같은 병이었다. 가족력이 있으니 더더욱 병을 가볍게 받아들이지 않았다. 하지만 외국에 나가 치료를 받자는 주위의 충고는 한사코 거부했다. 한국의 의료 수준도 충분히 높을뿐더러, 대기업 회장이 아플 때마다 남의 나라 병원을 들락거리는 것은 회사 경영자와 가족을 번거롭게 하는 것이고, 돈이 없어 제대로 치료받지 못하는 이들이 존재하는 현실에서 국민에 대한 도리가 아니라고 생각했기 때문이다.

공동체를 위한다는 것

꼭 필요한 것만 만든다

2010년을 전후해 한창 사업을 확장 중이던 LG생활건강은 화장품, 생활용품, 음료 등 3대 사업군을 중심으로 과감한 인수 · 합병(M&A)에 나섰다. 때마침 맥주 업체들이 매물로 나왔고 LG생활건강 역시 유력한 인수 후보로 거론됐다. 하지만 차석용 LG생활건강 부회장은 맥주 업체를 인수하는 일은 없을 것이라고 선을 그었다. 기자들이 이유를 물었다.

"대기업 그룹이 하기에 적절치 않은 일은 하지 않는다는 게 회장님의 철칙입니다."

구본무 회장 본인은 술을 즐겼다. 하지만 주류 사업을 한다는 것은 사회에 술을 권하는 일이다. 대기업이라는 유리한 위치에서 할 수 있는 일이 많은데 굳이 주류업에 뛰어들 이유가 있으랴. 그보다는 사람들의 삶에 기여할 수 있는 사업이 LG가 할 일이었다.

기업의 목표는 지속적으로 이윤을 내는 것이다. 그래야 오너는 물론 직원과 투자자 등 모든 이해관계자가 웃을 수 있다. 하지만 아무리 많은 이윤을 낸다 해도 하지 말아야 할 일이 있다. 기업이 발 딛고 있는 공동체의 이익과 어긋나는 일이다. 반대로 공동체를 위해 필요한 일이라면 어느 정도 손해를 감수하고라도 해야 한다. 당장 손해일지라도 멀리 보면 결국 기업의 이익에도 도움이 된다. 이것이 구본무 회장의 생각이었고, 이는 할아버지인 구인회 창업회장의 신념과 맥을 같이하는 것이었다.

구인회 창업회장은 꼭 필요하지만 국내에서는 아무도 만들지 않는 상품을 만들어 국민 생활에 기여하겠다는 신념을 가지고 있었다. 그래서 제분·제당·면방직을 뜻하는 삼백 산업에 눈길을 주지 않았다. 1960년 기준으로 5대 대기업이던 삼성, 삼풍, 개풍, 대한, LG 가운데 삼백 산업에 뛰어들지 않은 곳은 LG뿐이었다.

당시 대부분의 기업은 해방 후 일본인이 버리고 간 생산설비를 넘겨받거나 정부로부터 설비를 헐값에 불하받아 사업을 시작했다. 업종도 높은 기술력이 필요치 않으면서 바로 수익을 낼 수 있는 삼백 산업 중심이었다. 젊은 나이부터 사업을 시작해 이재에 밝았던 구인회 창업회장이 삼백 산업의 수익성을 몰랐을 리 없다. 하지만 그는 다른 기업들이 해본 적 없는 사업을 고집스럽게 찾아다녔다.

1947년 LG의 모태인 락희화학이 처음 생산한 것은 화장품으로, 국내 최초였다. 그다음에는 화장품 용기를 만들기 위해 플라스틱 사업을 시작했는데 이 역시 최초였다. 1950년 한국전쟁이 일어나고 그해 말 중공군이 개입하면서 전황이 악화되던 1951년 봄, 락희화학은 생산설비에 투자하기 시작했다. 당시 일본에서 플라스틱 생산설비를 들여오고자 했는데 5억 원이 필요했다. 그때까지 벌어들인 3억 원으로는 부족해 2억 원을 은행에서 빌렸다. 최전방에서 유엔군이 크게 밀리며 한반도 철수설까지 나돌던 때라 다들 만류했다.

"이런 시기에 전 재산에다 큰 빚까지 지며 사업을 확장하기업의 목표는 지속적으로 이윤을 내는 것이다. 그래야 오너는 물론 직원과 투자자 등 모든 이해관계자가 웃을 수 있다. 하지만 아무리 많은 이윤을 낸다 해도 하지 말아야 할 일이 있다. 기업이 발 딛고 있는 공동체의 이익과 어긋나는 일이다.

는 것은 너무 위험합니다."

구인회 창업회장의 대답을 들어보자.

"걱정하는 것도 무리는 아니다. 그러나 세상은 항상 눈을 크게 뜨고 멀리 보면서 살아야 한다. 눈앞의 사소한 이익만 탐하거나, 어려운 일을 피하면서 요령껏 살겠다는 태도는 절대 좋은 기 아니다. 내일 지구가 망한다 해도 오늘 한 그루 사과나무를 심는다고 안 캤나. 한마디로 매사에 신념을 가지고 흔들림 없는 삶을 살아야 한다는 말인 기라. 나는 결심했다. 이것이 우리가 해야 할 진짜 사업이다. 전쟁의 소용돌이 속에서 생활필수품이 절대 부족한 실정이 아닌가 말이다. 생산 업자가 국민의 생활용품을 차질 없게 만들어내는 것도 애국하는 길이고, 전쟁에서 이기는 데 도움이 되는 길인 기라. 그리고 기업을 하는 사람으로서 남들이 미처 생각하지 못하고 손대지 못하는 사업을 착수해서 성공시킨다는 것이 얼마나 보람 있고 자랑스러운 일인가 생각해봐라. 그래 나는 이 플라스틱 사업에 뛰어들 결심이다."

이런 신념이 1957년 국내 최초의 전자 업체 금성사(현 LG전자)를 세우는 바탕이 됐다. 해방된 지 겨우 10년 남짓 지난 한국에서 기술 장벽이 높고 외산 제품과 경쟁해야 하는 전자 산업에 진출하는 것은 시기상조로 보였다. 하지만 구인회 창업회장은 이 산업이 유망하다는 점을 알고 있었고, 국민 생활에 큰 보탬이 되리라 확신했다. 꼭 발을 들여야 할 사업이었다. 그렇게 금성사를 설립했지만, 생산을 하려면 핵심 부품을 모두 수입해야 할 것이라고들 했다. 금성사의 미래를 낙관하는 사람은 없었다. 하지만 이듬해 8월, 금성사는 최초의 국산 라디오 'A-501'을 내놓았다. 부품 국산화 비중이 무려 60%에 달했다.

오늘날 LG의 주요 사업은 LG전자를 중심으로 한 전자와 LG화학을 필두로 한 화학, 그리고 LG유플러스의 통신이다. 하지만 통신 사업은 1996년에야 시작했으니 전통적인 주력 사업은 전자와 화학이다. 이 둘은 모두 시작하기가 쉽지 않은 산업이다. 어렵더라도 국민에게 도움이 되는 제품을 만들겠다는 마음이 없었다면 시작조차 불가능했을 것이다.

독립운동 자금 1만 원

조금이라도 더 돈이 되는 방향으로 투자를 하고 사업을 하는 것이 기업의 생리다. 하지만 돈을 많이 버는 것 자체가 기업가 자신의 인생 목표는 아닐 것이다. 기업 활동을 통해 공동체에 기여하는 것부터 개인적으로 어떻게 살겠다는 것에 이르기까지, 기업가들에게도 다양한 삶의 지향이 있다. 그 궁극적인 목적을 위해 때로는 불이익을 감수하기도 하는데, 사업 전체가 없어질 만한 위험일 수도 있다. 구인회 창업회장에게는 그런 위험을 감수하고라도 지키고 싶은 가치가 있었다.

1942년 7월의 어느 날, 서른여섯 살의 구인회가 자신의 구인회상회에서 장부를 정리하고 있었다. 그때 점원이 오더니 낯선 손님이 사장님을 찾는다고 했다.

진열대로 나가보니 50대 후반으로 보이는 사내가 서 있었다.

"비단이 좀 있소?"

시중에 비단은 씨가 마른 지 오래였다. 일본의 진주만 공습으로 태평양전쟁이 일어난 지 8개월, 일제는 미국과 전쟁을 치르면서 물자를 엄격하게 통제하고 있었다. 참 세상 물정 모르는 사내였다. 구인회가 대꾸 없이 가만히 있자 사내가 그의 귀에 입을 바짝 대고 속삭였다.

"여보게, 나 안희제일세. 알아보겠나?"

20년 만의 재회였다. 그는 경남 의령의 유명한 선비 안교리의 친척 동생이었다. 안교리는 구인회의 할아버지인 만회 구연호와 한양에서 함께 지낸 인연이 있어 집안 사이에 왕래가 잦았다. 안교리가 할아버지를 만나러 올 때마다 안희제를 데리고 왔기에 구인회도 어린 시절 그를 자주 만났다.

안희제는 일제 강점기 초기부터 독립운동에 투신했다. 1914년 부산에 백산상회를 차리고 포목거래를 가장해 국내에서 독립운동 자금을 모으고, 국내와 해외의 독립운동가들을 잇는 비밀 연락망을 만들었다. 영남 일대의 부자들을 중심으로 독립운동 자금을 모아 상하이 임시정부의 국내 최대 자금원이 됐다. 1919년부터는 의령의 만석꾼 이우식과 함께 기미육영회를 만들어 유망한 청년들을 외국에 유학시켰다. 일제의 수사망이 좁혀오자 만주로 거처를 옮겨 독립운동을 이어갔다.

1942년 신병 치료를 위해 잠시 귀국해서도 산촌에 몸을 숨긴 채 비밀리에 독립운동 자금을 모았다. 귀국 사실이 이미 일제에도 알려졌기에 형사들이 안희제를 찾으려고 혈안이 돼 있었다. 이미 쉰여덟의 나이였지만 그는 능수능란한 변장 솜씨로 감시망을 피해 다녔다. 안희제와 접촉했다는 사실만으로도 큰 위험에 빠질 수 있었다.

안희제는 독립운동 자금으로 1만 원을 내달라고 부탁했다. 1931년 스물다섯에 집안의 지원을 받아 구인회상회를 시작할 때 든 자본금이 2000원이었다. 1만 원은 그 5배에 달하는 큰돈이었다. 돈도 돈이지만 이 일이 알려지면 사업이 송두리째 사라질 것이었다. 자신은 물론 가문 전체가 위험에 빠질 수 있는 사안이다. 마음속에 여러 생각이 스쳐 갔다. 하지만 이내 마음을 굳혔다.

"말씀 잘 알아듣겠습니다. 온갖 고초를 겪고 계시는 선생과 행동을 같이하지는 못할망정 돈을 아끼겠습니까. 지금으로나마 동참하겠습니다."

이때의 심정은 훗날 다음과 같이 전해졌다.

"현금 만 원이란 나의 지금 처지로 결코 적은 돈이 아니다. 그리고 어디 돈뿐인가, 핏발선 눈으로 감시하고 있는 일제가 만에 하나 이 일을 알게 된다면 나와 나의 사업 기반 그리고 고향의 부모·형제까지도 고초를 겪게 된다. 잘못되면 패가망신을 각오해야 하는 만 원이다. 하지만 그게 어디 안희제의 사사로운 청인가. 나라를 되찾고 겨레를 살리자는 일편단심 구국의 청이 아닌가. 어떤 이는 목숨을 백척간두에 내걸고 청춘을 불사르는데, 나는 이렇게 편안한 밥을 먹고 지내지 않는가. 참으로 과분한 일이다. 힘을 보태야지, 당할 때 당하는 일이 있더라도 이분을 도와야 한다. 이분을 돕는 일이 곧 나라를 돕는 일이 아니고 무엇이겠는가. 아버지께서도 10여 년 전 독립운동가 구여순에게 군자금을 기탁하여 상하이 임시정부의 김구 선생에게 일화 5000원을 전달한 일도 있지 않았던가."●

안희제는 이듬해인 1943년에 타계했다. 그때까지 그가 모금한 자금은 구인회의 만 원을 합쳐 20여만 원에 이르렀다. 그는 1998년에 '8월의 독립운동가'로 선정됐다.

구인회는 사업만 생각한다면 지기 힘들었을 부담을 묵묵히 받아들였다. 결단이 필요한 순간 공동체를 위한 선택을 한 결과 오늘날 LG는 '독립운동에 힘을 보탠 기업'이라는 인식을 얻게 됐다.

● LG그룹, 《한번 믿으면 모두 맡겨라》

돈보다 관심이 사랑이다

LG가 의인상을 만든 까닭은

"LG 의인상은 사실 대기업으로서는 큰돈이 들지 않는 사회 공헌 사업입니다. 그러면서도 주목도는 상당히 높지요. 비슷한 사업을 발굴하자는 이야기는 자주 하지만 LG 의인상의 브랜드 가치가 워낙 높아 섣불리 했다가는 따라 하는 것밖에 안 돼 그저 부러워만 할 뿐입니다."

한 대기업의 사회공헌 담당자가 말했듯이 LG 의인상은 다른 기업들이 벤치마킹하고 싶어 하는 사회공헌 사업이다.

LG 의인상은 불의의 사고를 당하거나 범죄에 노출된 피해자를 그냥 지나치지 않고 도와준 이들에게 주는 상이다. 2015년에 만들어졌으며 2019년 3월에 수상자가 100명을 넘어섰다. LG복지재단이 주로 뉴스를 통해 시민들의 활약을 접하고 의인으로 선정한다. 거창한 행사로 포장하는 것으로 비치지 않기 위해 별도의 시상식도 없이 조용히 찾아가 증서와 상금만 전달한다. 하지만 이미 뉴스의 주인공이 된 인물인 만큼 의인상을 받았다는 점도 큰 관심을 받을 수밖에 없다. 세간의 이목을 끌기 위한 시상식을 따로 열지 않는다는 점이 입소문을 타 오히려 더 유명해졌다.

의인상을 받은 이들이 자신보다 어려운 이웃에게 상금을 기부하면서 미담은 계속 이어졌다. 2016년 말 태풍 차바로 인한 여객선 사고 현장에서 선원들을 구조한 해경 7명은 상금 5000만 원을 해경 장학재단과 지역 사회복지관에 모두 기부했다. 서울역에서 의식을 잃은 남성을 구조한 해군 중위도 노숙인 보호 시설에 상금 전액을 전달했다. 안동댐에 투신한 여성을 구조한 경찰은 안동장학회에 상금을 냈다.

수상자의 미담이 연달으면서 'LG가 또'라는 유행어까지 생겨났고, LG 의인상은 다른 기업들이 부러워하는 사회공헌 사업이 됐다. 하지만 처음부터 이런 전략적 목적이 있었던 것은 아니다.

구본무 회장은 몸을 사리지 않고 남을 구하는 고마운 이들의 뉴스를 접할 때마다 이들에게 보답할 길이 없을지 고민했다. 그래서 LG 의인상이 제정되기 이전에도 의인들에게 상금을 전달해왔다. 하지만 사기업이 개인에게 상금을 수여하면 만만치 않은 세금이 붙는다. 한 예로 2013년 4월 시민을 구하기 위해 바다에 뛰어든 고 정옥성 경감의 유가족에게 5억 원을 전달했을 때는 증여세만 9000만 원이 부과됐다. 이 문제를 해결하기 위해 구본무 회장은 따로 LG 복지재단을 만들어 의인들이 세금 부담 없이 상금을 전달받을 수 있도록 했다.

LG의 사회공헌 활동이 다른 기업들에 비해 많은 것은 아니다. 기부액이 더 많지도 않다. 삼성전자나 현대자동차는 물론 금융사 중에도 LG보다 많은 기부를 하는 기업들이 있다. 하지만 사람들이 정작 감동하는 부분은 돈의 크기가 아니라 진정성이다. LG 의인상에서는 의로운 행동으로 우리 사회를 더 나은 곳으로 만드는 이들에 대한 꾸준한 관심과 고마워하는 마음이 그대로 드러난다.

구본무 회장의 공동체에 대한 깊은 관심이 드러나는 또 한 가지 사업이 있다. 바로 무궁화를 널리 퍼뜨리는 일이다. 언제부턴가 아름다운 무궁화를 보기가 점점 힘들어졌다. 진 딧물이 많아 가꾸기 어렵다는 생각도 우리 주변에서 무궁 화가 사라진 한 가지 이유다. 구 회장은 평소 이를 안타까워 하며 무궁화 사업에 깊은 관심을 기울였다. 1997년에 설립 된 LG상록재단(전 연암상록재단)은 산림청과 협조해서 병충 해에 강한 새로운 품종을 개발해 무료로 보급하기로 했다. 특히 실내에서도 키울 수 있는 무궁화를 처음으로 개발해 누구나 곁에 둘 수 있도록 하겠다는 목표를 세웠다. 구 회장 이 나라꽃을 사랑하는 방식이었다.

화담숲의 향기

무궁화에 대한 관심에서 알 수 있듯이 구본무 회장은 자연 을 아끼고 즐겼다. 새를 관찰하는 것을 좋아해 머리가 복잡 할 때면 새를 보러 멀리 떠나곤 했다. 평생 펴낸 유일한 책 도 탐조(探鳥) 활동을 집대성한 《한국의 새》였다. 그에게 자연이란 곧 새였다. 그는 책에 이렇게 썼다.

"한 종의 새가 멸종하기까지 100종이 넘는 생물이 지구 상에서 자취를 감춘다고 합니다. 새는 생태계의 정점에 위치하여 그 생태는 자연환경의 건강성을 가늠하는 지표가 됩니다."

회장이 된 후에는 LG 트윈타워 30층에 있는 집무실에 망원경을 설치하고 건너편에 있는 한강 밤섬의 철새를 관찰하곤 했다. 그러다가 흰꼬리수리(천연기념물 243호)가 물고기를 낚아채는 장면을 처음으로 발견했다. 황조롱이(천연기념물 323호)가 트윈타워에 둥지를 틀었을 때는 사옥관리 부서에 특별 보호령을 내려 황조롱이가 부화한 새끼들과 함께 무사히 자연으로 돌아가도록 돌봤다.

아버지 구자경 명예회장도 자연을 사랑해서 난을 가꾸고 식물을 바라보는 것을 즐겼다. 그리고 단순히 즐기는 것을 넘어 사회공헌 활동으로 확장했다. 그는 1974년 천안에 구인회 창업회장의 호를 딴 연암대학교를 설립했다. 산업화가 본격적으로 추진되던 시기라 너도나도 공업이나 금융업 분야의 인재 육성에 나서던 때였다. 그런 시기에 농업 인재를 육성하는 전문학교를 세운 것은 자연에 대해 애정의 연장선이었다. 그는 많게는 일주일에 한 번씩 연암대학교를 찾아 난을 바라보며 즐겼다. 고민이 있을 때는 그곳에 가 일주일간의 근심·걱정을 날렸다. 회장직을 내려놓은 뒤에는 학교 인근에 살며 주변을 산책하면서 시간을 보냈다.

연암대는 40여 년간 축산과 원예, 조경 전문 인재를 배출하면서 한국의 농업 발전에 기여하고 있다. 농업과 관련된 LG의 각종 최신 기술이 연암대의 스마트팜에서 시연되는 등 그룹 차원의 신성장 동력 발굴에도 기여하고 있다.

이런 자연 사랑으로 LG는 일찍부터 환경 보호의 중요성을 인식하고 관련 활동을 열심히 전개해왔다. 대기업으로서는 최초의 환경재단인 LG상록재단도 만들었다. 구본무 회장은 이천 곤지암 근처에 자신의 호를 딴 화담숲을 조성했다. 화담숲에는 250점이 넘는 분재가 있다. 좋은 분재는 보통 자신의 집을 꾸미는 데 쓰기 마련인데, 구 회장은 이들을 화담숲에 꺼내놓았다. 집에 두면 혼자만 볼 수 있지만, 화담숲에 두면 수만 명이 함께 볼 수 있기 때문이다. 구 회장이 세상을 떠나기 몇 해 전에는 화담숲을 찾은 사람들에게 목격돼 화제가 되기도 했다. 그는 우는 아이를 달래고, 헤매는 관람객들에게 길을 알려주기도 했다.

구 회장의 자연 사랑은 죽는 날까지 이어졌다. 그가 세상을 떠났을 때 LG는 오너 일가의 결정이라며 화장을 발표했다. 유교적 가풍이 강한 LG에서 화장을 한다는 것이 특이하게 느껴졌지만, 알고 보니 이미 22년 전에 구 회장은 '화장선언'을 했다.

"국토와 우리 자연이 묘지로 잠식되고 있습니다. 화장을 선호할 여건이 갖춰지지 않으면 아무리 화장을 권해도 외면당할 수밖에 없습니다. 공익사업의 일환으로 화장터와 납골당을 짓겠습니다."

실제로 구본무 회장과 LG는 여러 지방자치단체와 접촉했지만 뜻을 이루지 못했다. 혐오 시설이라는 이유로 주민들이 반대했기 때문이다.

화장 후 그는 화담숲 근처의 나무 밑에 묻혔다. 친인척을 제외하곤 정확한 위치를 알지 못한다. 평생 자연을 사랑하고 함께했던 이가 다시 자연으로 돌아갔으니 행복하리라. 지금도 화담숲과 연암대에 가면 두 사람이 사랑했던 꽃과 새를 볼 수 있다.

LG가 '착한 기업'으로 일컬어지는 바탕에는 자연과 사람에 대한 사랑이 있다.

살아서도 죽어서도 가야 할 길

끝까지 원칙을 지키다

구본무 회장은 세상을 떠나면서 자녀들에게 LG 주식을 남겼다. 장남 구광모 대표는 8.8%의 지분을 상속받아 최대 주주로 올라섰고 장녀 연경 씨에게는 2.0%, 차녀 연수 씨에게는 0.5%의 지분이 상속됐다. LG는 이에 대한 보도자료를 내면서 상속세 납부 계획을 밝혔다.

"구광모 대표 등 상속인들은 앞으로 연부연납 제도를 통해 5년간 나누어 상속세를 납부하게 되며, 오는 11월 말까지 상속세 신고 및 1차 상속세액을 납부한다. 관련 법규를 준수해 투명하고 성실하게 납부할 계획이다."

구본무 회장의 자녀들이 납부해야 할 상속세는 국내 상속세 역사상 최고치인 9000억 원이 넘는다. 그동안 대기업들은 상속세를 최소화하기 위해 편법적인 수단을 동원하곤 했다. 글로벌 기업 사냥꾼들의 먹잇감이 되지 않으려면 최대한 많은 지분을 확보해야 하고, 천문학적인 상속세를 납부할 자금을 마련하기 어렵다는 이유도 있었다. 하지만 상속세를 덜 내려는 편법 사용은 언제나 사회적 논란이 됐다.

막대한 상속세를 어떻게 마련할 수 있을지 재계의 관심이 쏠렸다. 구광모 대표 등이 찾은 방법은 자신들이 갖고 있는 계열사 주식을 파는 것이었다. 그렇게 물류회사 판토스의 지분 19.9%를 1450억 원에 모두 팔아 상속세를 내는 데 썼다.

정도경영을 신념으로 삼았던 구본무 회장은 상속 문제에서도 법과 원칙을 지킨 셈이다. 그는 소탈하고 따뜻하면서 원칙주의자였고, 특히 시간 약속에 엄격했다. 약속 시간보다 20분 먼저 간다는 원칙을 세우고 평생을 실천했다. 실제로 5분에서 10분 전에 약속 장소에 갔는데 먼저 와 있는 구본무 회장을 보고 당황했다는 경험담이 줄을 잇는다.

구 회장과 30년 넘게 가까이 지냈던 허영만 화백의 이야기를 들어보자.

"구본무 LG그룹 회장과의 인연은 약 30년 전으로 거슬러 올라간다. 당시 구 회장은 LG트윈스 구단주였고 나는 언론에 주간 야구 만평을 그리고 있었다. 어느 날 LG그룹 비서실에서 구 회장과 한번 만나지 않겠냐고 해서 서울 시내에서 만났다. 우리는 첫 만남에서 술을 굉장히 많이 먹었고, 이후 매년 서너 차례 만났는데 매번 구 회장의 소탈한 모습을 엿볼 수 있었다. 그는 한마디로 '된장 냄새 나는 사람'이다. 이른바 '재벌'들을 몇 번 만나봤는데 그런 이미지가 전혀 아니었다. 구 회장과는 함께 여행을 다니기도 했고, 술도 좋아해서 나와 잘 맞았다. 수더분하고 남을 잘 배려하며 형편이 좋지 않은 걸 보면 그냥 지나가는 법이 없었다. 한번은 음식값을 매번 회장님이 내니까 미안해져서 내가 중간에 계산을 하고 온 적이 있다. 구 회장은 '어디 갔다 왔냐, 얼마나 나왔냐' 하고 묻더니 매출 전표를 그 자리에서 찢었다. 구 회장은 '허 화백, 돈 낼 생각 마라. 그럼 내가 불편하다'라고 말했다.

구 회장은 정이 많은 분이지만 원칙에도 충실했다. 30년간 단 한 차례도 늦은 적이 없었다. 그는 언제나 20분 이상먼저 나와 기다렸다. 한번은 일본 도쿄에서 각자 일정이 있었는데 현지에서 만나기로 했다. 그런데 내가 숙소에서 깜빡 잠이 들어 결국 30분 지각을 했다. 그때만큼은 평소 모습과 달랐다. 구 회장은 식사도 안 하고 기다리고 있다가 크게질책했다. '샐러리맨의 10분은 세상을 바꿀 수 있는 시간이다. 왜 30분씩이나 늦게 오느냐' 하는 요지였다. 나는 그저미안하다고 말할 수밖에 없었다."●

경쟁도 공정해야 할 수 있다

어느 날 한 계열사 사장이 구본무 회장에게 물었다.

"기업이 법을 지키면서 경영을 하는 것은 사실 당연한 일입니다. 그런데 왜 회장님은 정도경영을 그토록 강조하시나요?"

● 〈동아일보〉, 2018년 5월 21일

그러자 알 듯 모를 듯한 대답이 돌아왔다.

"내가 오랫동안 기업을 경영해보니 돈 많이 주고 승진시켜주고 하는 거, 그거 다 소용없습니다."

직원들이 바라는 것은 그저 더 많은 월급을 받고 더 빨리 승진하는 게 아니라는 뜻이었다. 자신이 다니는 직장이 올바른 일을 한다고 생각할 때 사람들은 만족과 보람을 느끼며 헌신할 수 있다.

구본무 회장이 틈날 때마다 정도경영을 강조한 데는 또 다른 이유도 있었다. 철저한 경쟁을 통해 기업의 역량을 끌어올리기 위해서였다. 그런데 경쟁이 가능하려면 공정한 환경이 마련돼야 한다. 공정하지 않으면 경쟁이 불가능하다. 이를 보장하는 것이 정도경영이다.

그가 회장으로 취임한 1995년 LG는 화장품부터 건설, 반도체까지 다양한 사업을 펼치는 기업이었다. 당시 고질적인 문제로 지적되던 하도급 비리와 계열사 밀어주기에서 LG도 예외는 아니었다. 경영진은 회장이 '정도'를 앞세우는 것을 우려했다. 정도에서 벗어나는 일들이 관행적으로 이뤄지고 있었고, 경쟁사를 이기려면 정도만 걷는 것으로는 어렵기 때문이었다. 하지만 결국은 정도경영이 답이었다. 구 회장은 이 점을 정확히 알고 있었다.

"우리 관계사라 해도 품질이 떨어지면 납품받지 마세요."

구 회장은 취임하자마자 공정문화추진위원회를 만들었다. 말 그대로 공정한 거래 문화를 정착시키기 위해서였다. 2003년에는 국내 대기업 가운데 가장 먼저 지주사로 전환해 경영구조를 투명하게 만들었다. 정도경영팀도 새로 만들어 계열사 감사를 담당하게 했다. 원래는 5년 기한의 임시 조직이었지만 사실상 상시 조직으로 자리를 잡았다. 2005년에는 'LG 웨이(LG way)'를 선포했다. 정도경영을 바탕으로 고객을 위한 가치창조, 인간존중의 경영을 달성하겠다는 의지의 표현이었다.

창립 70주년이던 2017년 곤지암리조트에서 열린 만찬에서 구 회장은 이렇게 말했다.

"아무리 사업구조를 고도화하고 경영 시스템을 혁신한다 해도, 사회에서 인정과 신뢰를 얻지 못하면 기업은 지속되지 못합니다. 정정당당하게 실력을 바탕으로 성과를 내야 합니다. 정도경영 문화를 더욱 굳건히 해서 국민과 사회로부터 존경받는 기업이 되어야 합니다."

2장

오래가는
기업의 비결

기업의 기본

성공하는 기업을 넘어
장수하는 기업으로

가족이 똘똘 뭉쳐

LG는 창업회장 구인회 개인의 회사가 아니었다. 집안이 전
폭적으로 지원했고 형제들도 똘똘 뭉쳐 일을 도왔다. 하지
만 처음부터 순탄했던 것은 아니다. 아버지 구재서 공은 장
남의 사업을 반대했다.

"안 된다. 선비 집안에서 장사가 웬 말이냐."

그런데 할아버지 구연호 공이 지원군으로 나섰다.

"장손으로서 가족을 먹여 살리겠다는 책임감이 갸륵하

다. 인회는 사업에 소질도 있어 보인다.”

결국 아버지도 마음을 바꾸고 아들에게 당부했다.

“무슨 일이든 10년은 해봐야 성공도 할 수 있는 법이다. 힘들다고 도중에 그만둬서는 안 된다.”

이렇게 해서 구인회는 1931년 진주에 포목점을 열 수 있었다. 자본금 2000원은 집안의 돈을 끌어모은, 말 그대로 가산(家産)이었다. ‘가산’의 의미는 지금도 LG의 지분구조 속에 녹아 있다. 특수관계인의 지분이 44%로, 이 중 구광모 대표가 15%의 지분을 갖고 있다. 개인 주주로는 가장 많지만 절대적인 것은 아니다. 다른 기업이었다면 친인척 간 경영권 다툼이 벌어졌을지 모를 구조다.

LG에 오래 몸담은 한 관계자는 이렇게 말했다.

“지분이 얼마든 그들은 자신이 가문의 재산을 잠시 맡아두고 있다고 생각합니다. 자기 마음대로 할 수 있는 재산이라고 생각하지 않아요. 주주권 행사는 물론 지분을 사고파는 것도 집안의 규율에 따른다고 들었습니다.”

LG는 그 시작부터 ‘나’의 기업이 아니라 ‘우리’의 기업이었다. 포목점을 여는 것 자체가 가족회의를 통해 결정된 일이었고, 자본금도 집안에서 나왔다. 구철회 등 동생들도 초기부터 큰형을 도와 일했다. 그렇게 16년간 사업을 키우다가 락희화학을 세웠을 때도 동생들이 큰 역할을 했다. 구정회는 대외 업무를 맡았고 구평회는 공장장을 맡아 회사를 이끌었다. 서울대에서 정치학을 공부하던 구태회는 형제 가운데 가장 고학력자라는 이유로 플라스틱 생산 기술 연구를 도맡았다. 그는 공장 마당에 가마솥을 걸어놓고 일본 서적 등을 바탕으로 플라스틱 제조법을 연구했다.

락희화학은 형제들이 중심이 된 가족 기업이었다. 설립 5년이 지났을 때도 직원은 20명 정도에 불과했다. 해방 직후 기업 경영이나 공장관리 방법을 제대로 이해하는 인재를 구하기 어려웠던 만큼 인적 자원은 가족 내에서 조달했다. 구인회는 사장 이전에 장남으로서 동생들과 함께 기업을 키워간 것이다.

1954년 국내 처음으로 치약을 개발할 때도 형제들이 큰 역할을 했다. 구인회는 당시 부사장이던 구정회와 지배인이던 구평회에게 치약 개발을 지시했다. 구정회는 제조 기술 정보를 수집했고, 구평회는 미국까지 날아가 세계 최대의 치약회사이던 콜게이트의 제조 기술을 알아냈다. 치약에 들어가는 여러 물질을 어떤 비율로 배합해야 한국인의 입맛에 맞을지 연구해 드디어 1956년에 제품을 내놓았다. 아들인 구자경은 치약을 넣는 튜브 제조 기술을 확보했다.

이처럼 가족이 똘똘 뭉쳐 일궈낸 기업이기에 LG에는 1세대 기업에 으레 등장하는 독보적 창업자의 신화가 없다. 지분이나 경영권을 둘러싼 가족 간의 갈등이나 다툼도 없다.

"형제간에는 서로 공손히 대하고 좋아할 뿐 따지며 맞서지 말라. 작은 분을 참지 못하면 마침내 어긋나게 된다. 자손이 착하지 못하면 조상을 잊기 쉬우니 선대 훈계를 삼가 이어받아 변하지 말라."

지금도 구인회 창업회장의 생가에 걸려 있는 가훈이다. 할아버지 구연호 공이 남긴 것이라고 한다. 구연호 공은 고종 시절 왕자를 가르치는 벼슬인 홍문관 교리를 지냈다.

가족의 충분한 논의를 통해 중요한 일을 결정하고, 그렇게 결정된 일은 집안 전체가 전적으로 지원하고 가족이 똘똘 뭉쳐 해낼 수 있었던 힘을 이런 가훈에서 찾아볼 수 있다. LG는 1960년 이후 기업 규모에서 5위를 벗어난 적이 없을 만큼 꾸준히 성장해왔다.[●] 가족의 능력을 효과적으로 끌

● 공정거래위원회, 《한국재벌사》

어낸 구인회 창업회장의 리더십과 그를 전폭적으로 지지한 가족, 인화를 중요시하는 가풍이 장수 경영의 토대가 됐다.

스타트업의 5년 생존율은 20%대다. 자영업은 이보다 훨씬 어렵다. 하지만 망할 것을 생각하고 창업을 하는 사람은 없을 것이다. 누구나 자신이 세운 기업이 나날이 발전하고 오래도록 살아남기를 꿈꾼다. LG는 장수 경영에 성공한 대표적인 기업이다. 70년 넘게 운영되며 네 번째 총수를 맞았지만 경영철학과 주력 사업 등에서 창업 당시의 색깔을 가장 잘 유지하고 있는 기업이기도 하다.

양보로 이뤄진 자율 경영

가족 경영은 분명 초창기 성장의 밑거름이 됐다. 혈연관계로 얽힌 경영진이 창업철학을 공유하며 응집력을 발휘할 수 있었기 때문이다. 하지만 기업의 규모가 커지고 사업이 다각화될수록 가족 기업은 한계에 부딪힌다. 혈연에 바탕을 둔 인력은 경쟁을 통해 성장한 인력보다 전문성이 떨어지기 때문이다. 외부의 다양한 정보와 견해를 수용하는 데에도 어려움이 있다.

구인회 창업회장은 이런 문제를 일찍부터 자각하고 있었다. 그래서 1956년에 한국 기업 최초로 직원을 공개 채용했다. 처음에는 서울대학교 공대와 법대에서 우수한 졸업생을 추천받는 식이었다. 혈연과 지연으로 직원을 뽑던 당시로써는 혁신적인 일이었다. 이듬해에는 신문에 채용 공고를 내 모든 대학 졸업자에게 문을 열었다. 공무원이나 교사 말고는 대학을 나와도 딱히 할 일이 없고 전공을 살릴 길도 없던 때라 대학가에서 큰 화제가 됐다. 우수한 인력이 대거 지원한 것은 물론이다. 공채로 선발한 인재들을 적절히 배치하면서 LG는 기술 중심 기업으로 빠르게 성장할 기반을 갖추게 됐다.

1966년에는 락희화학을 주식회사 체제로 바꾸고 회장제를 택했다. 구인회 창업회장은 총수 역할을 하고 사장들이 더 많은 역할을 할 수 있는 구조를 만든 것이다. 기획조정위원회도 설치해 그룹 차원의 주요 프로젝트를 담당하게 했다. 1968년에는 회장 보좌기구인 기획조정실로 승격됐고, 이후 구조조정본부 등으로 이름을 바꿔가며 2003년 지주사로 전환하기 전까지 LG의 컨트롤타워 역할을 했다.

기획조정실은 흔히 회장의 '제왕적 경영'을 위한 도구로 쓰인다. 하지만 LG에서는 회장의 권한을 줄이는 과정에서 생겼다. 일상적인 사업은 계열사에 맡겨 신속한 판단을 하게 하고, 긴 안목으로 그룹 전체의 전략을 짜는 일은 기획조정실이 맡게 한 것이다.

가족 기업에서 벗어나기 위한 노력은 여기에 그치지 않았다. 기업 운영 시스템과 재무를 외부에 공개하기로 한 것이다. 기업의 핵심적인 정보를 혈연으로 엮인 당사자들만 독점하는 것이 아니라 투자자 및 직원들과도 공유한다는 의미였다. 1969년 LG화학은 민간 기업으로는 최초로 증권시장에 상장하고, 이듬해에는 금성사가 상장했다.

증시 상장에 대해 우려가 없었던 것은 아니다. 기업의 지분을 시장에 파는 것인 만큼 회사가 통째로 넘어갈 수 있다는 주장도 있었다. 하지만 구인회는 사업을 확대하는 데 필요한 자금을 자본 시장에서 조달해야 한다는 생각을 굽히지 않았다. 중요한 것은 지분을 얼마나 갖느냐가 아니라 전문적인 경영 시스템을 구축하는 것이라고 여겼다. 그는 가족 기업에서 벗어나려면 전문 경영인들에게 더 많은 권한을 위임해야 한다고 판단했다.●

그러나 전문가에게 경영을 맡기는 자율 경영이 쉽게 자리를 잡지는 못했다. 여전히 각 계열사에서는 친인척이 영향력을 행사하고 있었다. 1969년부터 그룹을 이끈 구자경 명예회장 역시 이를 인식하고 있었다. 그는 이 문제에 대한 어려움을 토로하기도 했다.

"내가 그룹의 최고경영자이긴 하지만 그분들은 엄연히 나의 숙부요 사돈이며 사업 선배이기도 하다. 그런데 어떻게 내가 나서서 '자율 경영을 해야 하니 전문 경영인에게 자리를 양보해주십시오'라고 할 수 있겠는가. 설령 나의 권고를 받아들여 주신다 해도 전문 경영인에게 맡긴 결과가 지금까지 그분들이 이루어놓은 업적을 갉아먹는 일이 된다면 내가 어떻게 그분들 앞에 고개를 들 수 있겠는가."●●

당시 구자경의 작은아버지인 구평회 · 구두회가 경영에 참여하고 있었고, 동생 구자학 · 구자두도 계열사를 이끌고 있었다. 자본금의 3분의 1을 보탠 허만정 공의 아들로 창업 때부터 함께 일한 허준구는 사돈이었으며, 그의 동생 허신구도 계열사에 몸담고 있었다.

● 이건희, 〈LG그룹의 발전과 경영 전략〉
●● 구자경,《오직 이 길밖에 없다》

그러나 족벌 경영으로는 미래를 대비할 수 없었다. 구자경은 자율 경영으로 체제를 전환하기 위해 끊임없이 모색했다.

그런 터라 구씨와 허씨가 모두 퇴진하고 전문 경영인들이 전면에 나선다는 소문이 파다해진 것도 당연한 일이었다. 1988년, 인사가 3주일 이상 미뤄지자 소문은 사실로 받아들여졌다. 하지만 막상 뚜껑을 열어보니 예상치 못한 결과가 나왔다. 계열사별 회장제를 도입하며 친인척이 회장이나 부회장으로 승진한 것이다. 보도자료에는 '다만 사장에게 경영에 대한 모든 권한과 책임을 부여한다'라는 말이 있기는 했다. 하지만 오너의 친인척이 회장과 부회장으로 있는데 사장이 힘을 쓰겠느냐는 냉소적인 반응이 많았다.●

여기서 또 한 번의 반전이 일어난다. 회장과 부회장이라는 직함을 얻는 대신, 친인척이 경영 일선에서 물러난 것이다. 대체 어떻게 된 일일까? 비밀은 몇 년 후 구자경 명예회장이 쓴 책에서 드러났다. 최고 의사결정기구인 운영위원회에서 원로들이 먼저 나섰던 것이다.

● 〈한국경제신문〉, 1988년 12월 29일

"자율 경영을 하기로 한 이상, 우리가 물러납시다. 그래야 사장과 사원들이 믿고 따르지 않겠습니까."

회장과 부회장은 예우를 위한 직함일 뿐 실권은 사장들에게 넘어갔다. 마침내 가족 경영을 넘어 자율 경영으로 나아가는 순간이었다.

구본무 회장이 취임하면서 자율 경영이 본격화됐다. 우선 구자경이 동생 구자학·구자두와 함께 경영에서 물러났고, 이로써 운영위원회 10명 중 7명이었던 친인척이 4명으로 줄었다. 이제 LG에서 자율 경영은 완전히 정착됐다. 구본무 회장의 별세로 구본준 부회장까지 물러나 현재 오너 경영인은 구광모 대표밖에 없다.

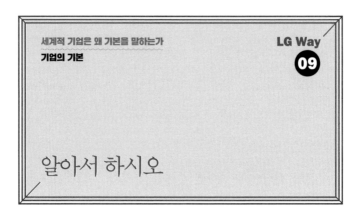

알아서 하시오

총수의 손을 떠난 권한

1989년 회사 건물 앞은 구호 소리와 징 소리로 요란했다. 주변에 진을 친 노동자들은 회장이 직접 나서서 문제를 해결하라고 요구했다. 1987년부터 시작된 노동자 대투쟁으로, 당시는 재벌 총수가 노조와 직접 대화하는 일이 드물지 않았다. 김우중 전 대우그룹 회장은 옥포까지 내려가 대우조선 노조와 담판을 짓기도 했다. 총수가 무소불위의 권한을 행사하던 때였고, 기업 입장에서도 하루빨리 파업을 해결해야 했기 때문이다.

하지만 구자경 회장은 협상에 응하지 않았다. 그룹 회장이 노조와 대화하는 것은 맞지 않는다고 생각했다. 노조를 대화 상대로 인정하지 않거나 격이 낮다고 봐서가 아니다. 엄연히 계열사 사장들이 있는데 총수가 나서서 협상을 하면 자율 경영 원칙이 깨진다고 생각했기 때문이다. '21세기를 향한 경영 구상'을 발표하며 자율 경영 원칙을 천명한 것이 불과 몇 개월 전이었다. 계열사 사장들에게 사업 전권을 이양했고, 여기에는 당연히 근로 조건 변경에 대한 권한도 포함돼 있었다.

하지만 노조는 회장을 만나 협상해야겠다고 고집했다. 권한을 넘겨받은 지 얼마 안 된 각 계열사 경영진도 회장 직속의 기획조정실을 압박하며 총수가 직접 나서줄 것을 우회적으로 요청했다. 그래도 구자경 회장은 꿈쩍하지 않았다. 상황이 불리하고 마음이 급하다고 원칙을 접으면 그 원칙을 뿌리내리는 데까지 몇 배의 노력이 필요할 것이었다.

급기야 각 계열사의 노조위원장들은 회장이 직접 나서지 않으면 파업에 나서겠다고 했다. 구자경 회장이 노조위원장들을 만나자, 노조 쪽에서 요구했다.

"사장들은 권한이 없지 않습니까. 회장님이 확실한 대답을 해주십시오."

구자경 회장의 원칙은 흔들림이 없었다.

"사장들에게 전권을 넘겼습니다. 교섭에 관한 권한 역시 사장들에게 있습니다. 그러니 이러지 말고 사장들을 만나 대화해보세요. 사장이 안 된다면 나도 안 되고, 사장이 된다고 하면 나도 됩니다."

하지만 설득은 끝내 받아들여지지 않았다. 계열사들은 연대 파업에 돌입했다. 생산이 두 달 넘게 중단됐다. 파업으로 인한 타격은 컸다. 경쟁사에 시장점유율을 빼앗겼고, 금전적 손해가 막대했다. 각 계열사 경영진의 불만이 기획조정실에 잇달아 접수됐다.

"회사 망치려는 겁니까? 회장님 잘 모시세요."

당시에는 무모하게 여겨지기도 했으나, 돌아보면 구자경 회장의 고집은 LG에 자율 경영이 정착되는 데 중요한 역할을 했다. 아무리 어려워도 계열사 스스로 문제를 해결해야 한다는 교훈을 주었기 때문이다.

구자경 명예회장은 자율 경영이 필요한 이유를 이렇게 설명한 적이 있다.

"프로의 세계에 만능은 없습니다."

경영 환경이 빠르게 변하고 경쟁이 치열해질수록 자신이 해야 할 일을 명확히 정의하고 나머지 부분은 과감히 이양해야 한다.

1990년대 초에 있었던 일이다. 구자경 회장이 LG패션의 한 매장을 방문했다. 그런데 그의 눈에 의류 디자인이 지나치게 대담해 보였다.

"무대복도 아니고, 옷을 왜 이렇게 요란하게 만듭니까?"

담당 임원이 대답했다.

"요즘엔 이런 옷이 제일 잘 팔린답니다."

구자경 회장은 더는 가타부타하지 않았다. 패션 트렌드에 관해서는 자신이 전문가가 아니기 때문이었다. 직원들의 사기를 떨어뜨리고 싶지도 않았다.

한편 삼성도 패션 사업을 하고 있었다. 개인적으로 패션에 관심이 많았던 이건희 회장은 골프복 브랜드에서 신상품이 나올 때마다 일일이 살펴보며 의견을 내놓았다. 오너의 의견인 만큼 실무자들은 전적으로 따를 수밖에 없었다.

그로부터 20여 년이 지난 지금, 많은 대기업이 총수 및 그룹 핵심부의 권한을 축소하고 있다. 계열사의 자율성을 높이는 방향으로 조직을 개편하고 있다. 이 일에서도 LG가 앞서 실천한 방향이 옳았음을 보여준다.

믿지 못하면 할 수 없는 일

구자경 명예회장은 물론 구본무 회장 역시 전문 경영인들을 믿고 지지했다. 바닷물을 담수로 바꾸는 기술에 특화된 미국 벤처기업 인수전에 LG화학이 뛰어들었던 때의 일이다. LG 지주사에서는 인수를 미루는 것으로 결론을 내렸다. 2억 달러(당시 환율로 2100억 원)나 들여 인수할 만큼 사업성이 있다고 보지 않았던 것이다. 하지만 LG화학 경영진은 수긍하지 않았다.

"지금이 아니면 확보하기 힘든 기술입니다. 정말 좋은 기회이니 이번에 꼭 인수해야 합니다."

지주사와 계열사 사이의 이견은 좁혀질 기미가 보이지 않았다. 결국 구본무 회장이 LG화학의 손을 들어줬다.

"화학 사업은 LG화학에서 가장 잘 판단할 겁니다."

당시의 인수·합병을 바탕으로 LG화학은 세계 최고 수

준의 수처리 기술을 확보할 수 있었고, 중동 등지에서 잇따라 사업을 수주하며 상당한 수익을 올리고 있다.

또 이런 일도 있었다. 그룹 내에 새로 조직이 만들어졌는데, 이를 맡은 임원은 회장의 지시를 기다렸다. 회장의 구상으로 만들어진 조직이기 때문에 당연히 구체적인 지시가 있을 것으로 생각했다. 하지만 구본무 회장은 별다른 이야기가 없었다.

며칠이 지나서야 전화 한 통이 왔다.

"바쁘지 않으면 내 사무실로 한번 오세요."

구 회장을 만나러 갔지만 무엇을 어떻게 하라는 얘기는 없었다. 그저 이렇게 물을 뿐이었다.

"며칠 동안 무슨 생각을 했습니까? 새 조직에서 어떤 일을 하고 싶어요?"

회장의 지시를 들으러 온 것이지 자기 생각을 말하러 온 것이 아니어서 임원은 잠깐 당황했다. 그래도 며칠 동안 조직을 파악하며 떠오른 생각들을 차근차근 말했다. 이야기를 모두 들은 구본무 회장이 말했다.

"그럼 열심히 해보세요."

그게 전부였다.

권한을 넘기는 것은 평범한 직장인들도 하기 힘든 일이다. 부하 직원에게 믿고 맡기지 못하다 보니 상무나 전무로 승진하고 나서도 과장이나 대리급이 하는 일을 직접 챙기는 경우도 흔하다. 오너라면, 특히 자신의 힘으로 일어선 창업주라면 그러기가 더더욱 어려운 일이다. 자신이 제일 잘 알며 제일 잘한다고 생각하기 때문이다. 실제로 성공을 해 왔기 때문에 다른 이들에게 맡기기가 더 힘들다. 이런 기업은 크게 성장하기 어렵다. 오너가 모든 일을 틀어쥐고 있으면 사업도 그 한 사람의 시야 이상으로 뻗어 나가기 힘들기 때문이다. 제대로 된 역할을 부여받지 못하는 직원들 역시 자신이 성장하기 어렵다고 느낀다. 좋은 인재가 오래 머물지 않는 기업이 계속 성장해나가기는 어렵다.

하지만 LG는 달랐다. 반세기 전 구인회 창업회장 때부터 다른 이들을 믿고 경영을 맡기는 게 체질화되어 있다. 1962년 그는 락희화학(현 LG화학)을 제외하고 각 계열사의 경영에서 물러났다. 대신 금성사를 비롯한 계열사와 사업 단위에 사장을 새로 임명했다. LG가 여러 가지 '최초' 기록을 남겼지만, 이 역시 한국 기업사에 처음 있는 일이었다.

이렇듯 스스로 권한을 축소하니 LG 총수들은 존재감이

크지 않다. 삼성 회장이 누구인지는 알아도 LG 회장 이름이 뭐냐는 질문에 바로 답할 수 있는 사람은 많지 않다.

계열사 경영진은 물론 직원들에게 더 많은 책임을 부여함으로써 LG는 자율성을 높였고, 이는 조직문화로 확고하게 자리 잡았다. 2007년에 발표된 한 논문●을 보면 4대 기업(LG, 삼성, 현대차, SK) 직원들에게 설문조사를 한 결과가 나온다. 그중 한 가지 질문이 '경영 관련 의사결정을 그룹 중심부에 집중시키는 것과 아래로 위임하는 것 중 어느 쪽이 효율적인가'였다. LG 직원들은 뭐라고 답했을까? 무려 84.7%가 위임을 택했다. 참고로 현대차와 SK는 각각 62.6%와 62.8%로 비슷했고, 삼성은 57.4%로 가장 낮았다. 전문 경영인 중심 체제의 필요성에 대해서도 LG 직원들은 93.8%가 동의했다. SK는 55.0%, 삼성은 51.7%, 현대차는 31.1%였다.

● 조영호 · 김관영 · 김태진, 〈한국 대기업 기업문화의 10년간 변화: 사회변동 효과와 문화적 안정성〉

오너가 모든 일을 틀어쥐고 있으면 사업도 그 한 사람의 시야 이상으로 뻗어 나가기 힘들다. 제대로 된 역할을 부여받지 못하는 직원들 역시 자신이 성장하기 어렵다고 느낀다. 좋은 인재가 오래 머물지 않는 기업이 계속 성장해나가기는 어렵다.

인화, 서로 어울리며 화목하게

갑자기 총수가 사라져도

자율 경영을 강화하면서 부작용이 나타나기도 했다. 계열사 간에 소소한 충돌이 생긴 것이다. 한 계열사가 신규 사업을 벌일 때 그룹 관계사가 아니라 외부에 일을 맡기면서 CEO 들 사이에 감정싸움이 벌어져 총수에게 중재를 요청한 적도 있다. 자율 경영을 강조하다 보니 그룹의 결속력이 떨어진다는 내부의 지적도 있었다.

이런 부작용을 막기 위해 LG는 계열사 간 사업을 조율하는 조직을 만들어 대처하고 있다. 하지만 자율 경영은 단점을 상쇄할 만큼 장점이 크다. 자율 경영은 평상시보다 위기 때 더 빛을 발한다.

구본무 회장이 세상을 떠나고 2개월이 될 때까지 LG에는 총수가 없었다. 장남 구광모가 뒤를 이을 것이라는 방향만 나와 있을 뿐 언제 어떻게 경영권을 승계하는지도 알려져 있지 않았다. 심지어 구광모는 그룹 전체를 이끄는 지주사 LG가 아니라 LG전자에 속해 있었다. 상무 직함을 달고 기업용 디스플레이 판매 업무를 하고 있었다.

총수 부재의 상황이었지만 내부는 물론 외부에서도 걱정하지 않았다. 그룹 회장직이 몇 개월쯤 공석이어도 문제가 없을 만큼 자율 경영이 충분히 자리를 잡았기 때문이다. 아마 다른 대기업이었다면 위기 상황으로 이어졌을지도 모른다. 재벌 총수가 갑자기 병석에 누우면, 다음 총수 자리를 놓고 형제간의 갈등이 시작된다. 죽음이 임박한 총수의 유언이 조작되기도 하고, 결정권을 쥔 사람(보통은 총수의 배우자)의 마음을 얻기 위해 형제간에 경쟁이 벌어지기도 한다.

드라마나 영화에서 흔히 볼 수 있는 플롯이다. 과장은 있을지언정 터무니없는 이야기를 지어냈다고 하기도 힘들다.

대기업이 지닌 영향력과 부의 크기만큼 경영권 승계 과정에는 암투와 갈등이 뒤따른다. 실제로 많은 재벌 가문에서는 총수의 권한이 다음 세대로 넘어갈 때마다 적지 않은 분란이 일어나 세간의 이야깃거리가 되곤 한다. 경영권 승계자 지목에 반기를 드는 아들, 그룹 지분을 둘러싼 형제간의 각축전 등이 한동안 입방아에 오른다.

이런 갈등이 불거지면 기업은 안팎으로 타격을 입는다. 기업 이미지가 악화되는 것은 물론이고, 세력 관계에 따라 줄을 서는 중역들을 보면서 직원들도 동요한다. 하지만 LG에서는 지금까지 세 차례나 있었던 경영권 승계 과정에서 이런 잡음이 전혀 없었다. 전문 경영인을 중심으로 한 자율경영 덕분이다. 또한 인화를 강조하는 오랜 문화 덕이기도 하다.

LG는 경영권 승계뿐만 아니라 친척이나 동업자에게 계열사를 떼어줄 때도 분란이 없었다. 2000년대 초 GS그룹과 LS그룹의 계열분리는 한국에서는 찾아보기 힘든 특이한 현상이었다. 인화, 사람이 서로 화합하는 것을 중요하게 여기는 LG의 문화가 아니었다면 있을 수 없었던 일이다.

LG에서는 지금까지 세 차례나 있었던 경영권 승계 과정에서 이런 잡음이 전혀 없었다. 전문 경영인을 중심으로 한 자율 경영 덕분이다. 또한 인화를 강조하는 오랜 문화 덕이기도 하다.

욕심보다 양보, 갈등보다 화합

GS그룹과 LS그룹의 분리는 지주사 전환을 전후해 이뤄졌는데, LS그룹이 먼저였다. LG는 2002년에 LG전선(현 LS전선), 극동도시가스(현 예스코홀딩스), LG칼텍스가스(현 E1), LG니꼬동제련(현 LS니꼬동제련) 등 4개 회사를 2003년 말까지 계열분리해 구태회, 구평회, 구두회 등 창업고문 일가가 이끌 예정이라고 발표했다. 이들은 창업회장의 형제 중 넷째, 다섯째, 여섯째로 당시까지 생존해 있던 창업 1세대 전부였다.

2004년에는 홈쇼핑과 유통, 정유 사업을 계열분리하기로 결정했다. 구씨 집안과 허씨 집안이 57년 만에 동업을 끝내는 순간이었다. 처음 락희화학을 세울 때 자본금을 보탠 허만정 공의 손자이면서, 초기부터 LG 경영에 참여했던 허준구의 아들 허창수가 새로운 회사를 이끌게 됐다. 허준구 GS건설 명예회장은 허만정 공의 셋째 아들이다. 첫째 아들 허정구는 삼성의 전신인 제일제당과 제일모직의 창업 과정에 힘을 보탰다. 그래서 허준구 명예회장이 허씨 집안과 LG를 잇는 연결고리였다.

LS그룹은 LG가 지주사로 전환하기 전에, 그리고 GS그룹은 지주사 전환 이후에 분리됐다는 차이가 있다. 그래서 두 그룹이 계열분리되는 과정도 달랐다. 아직 전자 계열 지주사가 설립되기 전이었던 만큼, 구태회 등 LS그룹 오너 일가가 LG 계열사들이 보유한 LS전선 주식 등을 사들이는 방식으로 경영권이 이전됐다. E1과 예스코홀딩스 등 화학 계열 지주사 체제에 들어가 있지 않던 에너지 관련 업체들의 지분도 LG상사 등에서 전량 매입했다.

반면 GS그룹은 지주사 전환이 이뤄진 뒤라 LG로 집중된 계열사들의 경영권을 쪼개야 했다. 2004년 LG 주주총회에서 LG칼텍스정유(현 GS칼텍스), LG홈쇼핑(현 GS홈쇼핑), LG유통(현 GS리테일) 등을 거느리는 GS홀딩스를 분할하기로 하고 주주들에게 LG 주식을 LG와 GS홀딩스로 나누는 인적 분할을 했다. 기존의 LG 주식 100주를 갖고 있다면 이 중 65주는 LG, 35주는 GS홀딩스 주식으로 바뀌는 방식이었다.

LG에 남게 된 계열사들의 당시 자산 규모는 47조 3000억 원, GS그룹으로 옮겨가는 계열사의 자산은 14조 3000억 원이었다. 락희화학을 설립할 때 허씨 집안이 출자한 비율이 30%였는데 그와 비슷하게 결정됐다. 이때 LG강남타워도 GS홀딩스에 양도해 GS타워가 됐다. 타워에 있던 LG 아트센터는 LG가 계속 경영을 하면서 이름을 바꾸지 않았는데, 2021년 마곡에 자체 공연장을 세워 GS타워에서 나올 예정이다.

양상은 달랐지만 계열분리의 명분은 같았다. 바로 사업 전문화였다. LS그룹 분리 때는 '비주력 계열사에 대한 사업 구조조정을 위한 것', GS그룹 분리 때는 '연관성이 적은 사업군을 분리해 서로의 사업 경쟁력을 강화하기 위한 것'이라는 공식 설명이 나왔다. 하지만 대기업의 사업 전문화는 해당 사업을 다른 기업에 매각하는 방식으로 흔히 이뤄진다. 친척이나 동업자가 사업을 거느리고 따로 독립한 전례는 없었다. LG의 성장을 함께 이끌어온 이들에게 경영권을 나누려는 게 아니라면 이해하기 힘든 일이다.

분가해 나간 이들은 계열분리 시점에 이미 회사를 이끌고 있었다. LS그룹의 예스코홀딩스는 구태회의 셋째 아들 구자명이 사장으로 있었고, E1은 구평회의 둘째 아들 구자용이 부사장이었으며, LS전선은 구평회의 장남 구자열이 대표이사 겸 부회장을 맡고 있었다.

GS그룹도 마찬가지다. 오랫동안 LS전선과 LS산전을 이끈 허창수는 GS건설 회장으로 자리를 옮겼다. 허진수가 GS칼텍스 부사장, 허명수가 GS건설 부사장이었고 허태수도 GS홈쇼핑 부사장이었다. GS리테일은 허만정의 막내아들 허승조가 사장으로서 회사를 이끌고 있었다.

분리할 계열사를 어떻게 선정했는지는 자세히 알 수 없지만, 전자와 화학의 주요 계열사를 남기고 전력 인프라와 에너지는 LS그룹에, 석유 사업과 유통은 GS그룹에 넘긴 것으로 볼 수 있다. 그런데 LS전선과 LS산전은 LG의 전자 계열사와, GS칼텍스는 화학 계열사와 시너지가 날 수 있는 기업이다. 충분히 욕심이 날 만했다. 하지만 과감히 양보했다는 소문이 돌았다. LS그룹은 계열분리가 돼서도 1년 동안은 LG 브랜드를 사용하다가 2005년 LS로 이름을 바꿨다. 그 한 달 전에는 GS그룹이 새로운 CI를 발표했다. LG그룹이 3개의 대기업으로 나뉘는 작업이 마무리되는 순간이었다.

끝까지 아름다운 이별

계열분리 이후 세 그룹은 순조롭게 성장했다. 2004년 계열분리 때 47조 3000억 원이던 LG그룹 자산은 14년이 지난 2018년 123조 1000억 원으로 늘었다. GS그룹 자산은 65조 원으로 5배 가까이 늘어났으며, LS그룹도 21조 원에 이른다.

하지만 LG의 재계 순위는 내려갔다. 계열분리 전에는 삼성에 이어 재계 2위였으나 2018년에는 현대차와 SK에 밀려 4위에 그쳤다. 자산으로는 LG와 GS, LS 모두 합쳐 209조 1000억 원으로 현대차(222조 7000억 원)보다는 적고 SK(189조 5000억 원)보다는 많아 3위다. 구본무 회장이 별세하고 경영권 승계 과정에서 다시 한번 계열분리가 이뤄지면 롯데에 밀릴 수 있다는 전망이 나오기도 했다.

LG는 부침이 심하고 대규모 투자가 필요한 계열사들을 맡았다. 한마디로 경영이 까다로운 회사들이다. LG디스플레이는 공장 하나를 짓는 데 10조 원 이상이 들어가고, LG전자는 글로벌 기업들과 치열한 경쟁을 벌여야 하며 변수가 많다. LG화학은 매년 수천억 원의 투자가 필요한 바이오 사업을 이끌고 나가야 한다.

반면 분가시킨 회사들은 안정적인 수익을 낼 수 있는 사업이었다. GS칼텍스와 LS전선 등은 계열분리 전 그룹 내에서 꾸준히 현금을 창출하는 캐시카우였다. LG디스플레이를 설립할 때 초기 투자 비용의 상당 부분을 LS전선이 책임지기도 했다.

계열분리가 이뤄지지 않았다면 한국의 기업사는 다르게 쓰이지 않았을까. 안정적인 현금흐름을 바탕으로 인수·합병과 설비투자에 더 과감히 나설 수 있었을 것이다. 2011~2012년 LG가 하이닉스 인수전에 뛰어들지 않았던 이유는 결국 자금 문제였다. 하지만 GS칼텍스가 분리되지 않았다면 여기서 나온 현금으로 인수에 나서거나, GS칼텍스가 직접 하이닉스를 매입할 수도 있었다. 실제로 SK는 SK텔레콤이 나서서 하이닉스를 인수했다.

GS칼텍스는 2010년 1조 2001억 원, 2011년 1조 9489억 원의 영업이익을 올렸다. 2012년에 SK텔레콤이 하이닉스를 인수하며 지불한 돈은 3조 4000억 원이었다. 계열분리를 하지 않았다면 경영에서 운신의 폭이 훨씬 컸을 것이다. 구본무 회장은 재벌 총수로서 선뜻 하기 힘든 결정을 했던 것이다.

2005년은 구본무 회장이 만 60세가 되는 해이면서 취임 10주년이자 LG 브랜드 출범 10주년이 되는 해였다. 기념식에 참석한 GS그룹 허창수 회장은 구본무 회장에게 그림을 선물하며 축하했다. 닷새 뒤 공정위원회에서 계열분리 승인이 나자 구 회장도 그림을 선물하며 답했다. 얼마 후 GS그룹은 CI 선포식을 했고, 이 자리에서 허창수 회장은 LG와의 의리를 다짐했다.

"적어도 내가 은퇴하기 전까지는 LG의 사업 영역을 침범하는 일은 없을 것입니다."

그로부터 12년이 지난 2017년 구 회장은 GS 창립 50주년을 축하하며 화환을 보냈다. 평소 조화는 보내도 축하 선물이나 난은 주지도 받지도 않는 것이 구 회장의 원칙이었다. 하지만 그림에 이어 또 한 번 선물을 보냈다. GS칼텍스가 호남정유라는 이름으로 LG 울타리 내에 설립돼 50주년을 맞는 특별한 날이었기 때문이다. 세상을 떠나기 직전까지 구 회장은 GS그룹과 동업 관계였던 허씨 집안에 지대한 애정을 지니고 있었다.

반세기 이상 이어져 온 구씨와 허씨의 공동 경영과 끝까지 아름다웠던 이별은 한국은 물론 세계 경영사에서도 찾아보기 어렵다. 경영학계에서는 오랜 공존과 순탄한 이별을 가능케 한 '인화'에 대해 이렇게 분석했다.

"약속을 지키지 않거나 고의적인 잘못을 해도 정으로 감싸주는 어정쩡한 가족주의나 온정주의가 아니라, 서로 합의한 원칙을 존중하고 최선을 다해 지킨다는 엄정한 책임의식이 전제돼 있다."•

• 최종태,《한국 경영사학회 연구총서》

사람, 함부로 자르지 않는다

회장님은 든든한 버팀목

2008년 글로벌 금융위기로 어려움이 커지자 인력 구조조
정 안을 들고 온 계열사 CEO에게 구본무 회장이 말했다.

"얼마나 무능하면 사람 자를 생각부터 합니까."

안팎으로 구조조정설이 나돌았을 때는 다시 한번 원칙을
표명했다.

"어렵다고 사람을 내보내면 안 됩니다."

1998년 외환위기를 겪으면서 인력 감축을 통한 구조조

정은 흔한 일이 됐다. LG 역시 외환위기로 존망의 위기에 처하자 일부 인력을 내보낼 수밖에 없었다. 구본무 회장은 이를 가슴 아파했다. 하지만 이후로는 직원들을 해고하는 것을 금기시했다. 계열사 CEO들은 근거 없는 구조조정설이 바깥으로 퍼지는 것을 매우 경계한다. 그래서 LG 직원들은 다른 대기업 직원들에 비해 훨씬 높은 안정감을 느낀다.

사람을 함부로 자르지 않는다는 원칙이 외부에 처음 공개된 것은 1996년이었다. 불황을 극복하기 위해 대기업들이 명예퇴직과 임금 동결을 실행하던 때였다. 취임 2년 차를 맞은 구본무 회장은 계열사 사장들을 모아놓고 당부했다.

"경기가 안 좋다고 사람을 자르면 경기가 좋을 때는 어디서 인재를 구합니까. 이런 때일수록 인재의 유출을 막고 외부의 우수한 인재를 발굴해야지요. 여유 인력은 성장 분야에 배치하고요. 인력 감축을 생각할 게 아니라 효율적인 인력 운영을 해주세요."

워낙 경기가 좋지 않아 임원들은 상여금을 반납하겠다고 했지만 구 회장은 받아들이지 않았다.

"회사의 어려움을 함께하겠다는 마음은 고맙게 받아들일게요. 하지만 보수는 정상적으로 지급됐으면 합니다. 사기를 높이고 의욕을 북돋는 계기로 삼으면 되지 않겠습니까?"

직원을 내보내고 급여를 줄이면 당장의 위기는 돌파할 수 있다. 하지만 오래가는 기업을 만드는 데는 독이 된다. 기업이 구조조정을 하는 시기는 경제가 전반적으로 어려울 때다. 가정경제도 당연히 어렵다. 직원들도 어려운데 회사마저 그들을 버리면 어찌 될까. 회사가 버팀목이 돼야 직원들도 열심히 일할 수 있다. 그래야 경기가 좋아졌을 때 더 좋은 인재도 뽑을 수 있다.

1997년 창립 50주년을 맞아 기자간담회를 열었을 때 구회장은 이렇게 밝혔다.

"사람 나이가 쉰을 넘으면 하늘의 뜻을 안다고 합니다. LG도 이제 나이가 오십에 이르렀습니다. 그런 만큼 하늘의 뜻에 따라 사람을 위하는 기업이 되도록 노력하겠습니다. 사업 구조조정을 하면서 생기는 여유 인력은 다른 계열사로 배치해 모두 흡수할 계획입니다. 정리해고나 명예퇴직 같은 일은 안 할 생각입니다."

남는 인력을 다른 곳에 투입하는 것은 LG의 중요한 인사 정책이다. 가령 2011년 이후 사업이 어려워지면서 LG전자의 휴대폰 사업부는 정리해고설의 근원지가 됐다. 실적이

악화될 때마다 증권가를 중심으로 이제는 정리해고에 들어
갈 것이라는 루머가 나왔다. 하지만 직원들은 동요하지 않
았다. 회사가 어렵다고 사람을 내보내면 안 된다는 원칙을
지킬 것으로 믿었기 때문이다. 그 믿음은 깨지지 않았다. 휴
대폰 사업이 축소돼 남는 인력이 생기자 LG전자는 2013년
새로 만들어진 전장 사업부로 전환 배치했다.

　모든 기업에서 일어나는 흔한 일은 아니다. 삼성을 예로
들 수 있겠다. 2010년 들어 삼성과 LG는 모두 브라운관 사
업을 중단했다. 브라운관은 수십 년 동안 TV 부품의 핵심이
었다. 그러나 2000년부터 LCD가 대중화되기 시작했다. 제
조사들의 경쟁으로 LCD TV의 가격이 빠르게 하락하면서
그나마 브라운관 TV가 팔리던 신흥 국가들에서도 시장이
사라졌다. 브라운관 TV 사업을 접는 것은 삼성과 LG 모두
피할 수 없는 일이었다. 문제는 이 분야에서 오랫동안 일해
온 임직원들의 거취였다.

　삼성 사람들은 회사를 떠났다. 물론 금융권 못지않은 퇴
직 위로금이 지급됐다. 삼성전자에서 상무로 승진하면 2년
을 넘기기 힘들다는 말까지 있었지만, 인력 정리 과정에서
뒷말이 나오지 않은 것은 확실한 보상이 있었기 때문이다.

LG는 어땠을까? 희망하는 사람은 모두 LG 디스플레이의 유관 부서로 발령받았다. 오랫동안 일해온 직장에서 안정적으로 일하는 것이 어떤 보상보다 소중할 것이다. 게다가 그동안의 경험과 노하우를 LCD와 OLED 분야에서도 충분히 발휘할 수 있었다.

실적 중심 vs 인간 중심

전자 업계에는 삼성과 LG를 모두 경험해본 이들이 생각보다 많다. 한국을 대표하는 전자회사의 양대 산맥이니 당연한 일인데, 두 그룹의 조직문화를 비교해달라고 하면 대부분 비슷한 답을 한다.

"아무래도 삼성은 실적을 중요시하고, LG는 인간을 중요하게 여기는 것 같습니다."

물론 LG라고 실적을 중요시하지 않는 것은 아니다. 삼성 역시 사람으로 이뤄진 조직인 만큼 인간을 중요하게 생각하지 않을 수 없다. 비교는 언제나 상대적이다. 하지만 LG는 '인화의 LG'다. 창업 때부터 인화를 사시로 삼았던 LG가 인간을 귀하게 여기고 직원을 함부로 자르지 않는 것은 당연하다. 그런데 여기에 딜레마가 존재한다. 해고가 없는 일자리는 곧 '철밥통'이다. 공무원과 공기업이 떠오른다. 고용이 보장되는 일터는 안정감을 주지만 경쟁과 활력을 떨어뜨릴 수 있다. LG는 오래전부터 이 문제를 고민해왔다. 특히 세계 시장을 놓고 경쟁하는 글로벌 기업으로 도약하려면 반드시 해결해야 했다.

구자경 명예회장이 쓴 책에는 이런 말이 나온다.

"럭키금성의 경영 이념인 인화단결은 경영의 본체인 사람을 중시하는 것이지 결코 가족주의나 온정주의를 뜻하는 것이 아니다. 그런데 언제부터 인화단결이 무기력한 온정주의로 바뀌었으며, 언제부터 럭키금성이 안일하고 소극적인 젊은이들의 안식처가 됐단 말인가. 인화를 빙자하여 뿌리깊게 퍼져 있는 무사안일과 비합리의 풍토에 종지부를 찍고자, 이 인화의 정신을 발전시킨 새로운 경영 이념을 제정해야겠다고 결심하게 됐다."

1990년 LG는 '인화'를 내려놓았다. 대신 구자경 회장은 '고객을 위한 가치창조' '인간존중의 경영'을 경영 이념으로 선포했다. 5년 후 구본무 회장이 취임할 때는 신 기업문화로 네 가지를 내걸었다. 바로 정도경영, 성과주의, 도전주의, 일등주의다.

LG는 직원들의 도전의식을 자극할 수 있도록 다양한 장치를 마련했다. 과제를 세분화해서 부여하고, 성과를 낸 팀에는 확실한 보상을 한다. 예를 들어 의류관리기 '스타일러'를 개발해서 성공한 팀이나 공정을 모듈화하는 데 진전을 이룬 팀은 파격적인 인센티브를 받았다. 같은 직급, 같은 연차라도 성과에 따라 수년간의 연봉이 몇천만 원씩 차이가 나기도 한다.

LG에서 임원이 되기 힘든 것도 성과를 중시하기 때문이다. LG에는 임원에 오르지 못한 고참 부장들이 다른 대기업보다 많다. 임원과 부장 사이에는 다른 기업에는 좀처럼 없는 '담당'이라는 직위가 따로 존재했는데, 임원이 되기가 그만큼 힘들었기 때문이라는 설명도 있다.

사람을 함부로 자르지 않아 안정감을 주면서도 성과에 확실한 보상을 하면, 시키는 일만 하지 않는다. 직원들 스스로 열심히 뛴다. 글로벌 경쟁이 치열한 전자와 화학에서 LG 계열사들은 좋은 실적을 내고 있다. 안정과 경쟁, 상반돼 보이는 이 두 가지 목적을 동시에 달성한 것이다.

사람을 함부로 자르지 않아 안정감을 주면
서도 성과에 확실한 보상을 하면, 시키는
일만 하지 않는다. 직원들 스스로 열심히
뛴다. 글로벌 경쟁이 치열한 전자와 화학
에서 LG 계열사들은 좋은 실적을 내고 있
다. 안정과 경쟁, 상반돼 보이는 이 두 가
지 목적을 동시에 달성한 것이다.

강력한 경쟁자는 축복이다

삼성, 인연과 악연

LG와 삼성은 사업상 경쟁 상대일 뿐 아니라 오랜 인연으로 맺어진 관계이기도 하다. 구인회 창업회장과 삼성 이병철 창업회장의 관계는 거의 100년 전으로 거슬러 올라간다.

경남 의령이 고향인 이병철은 아버지가 세운 서당에서 한학을 배우고 있었다. 그러다가 시집간 둘째 누나를 따라 진주로 오면서 근대적인 교육을 받기 시작했다. 1921년 개교해 지금도 운영되고 있는 지수초등학교에 1922년 3학년으로 들어갔는데, 같은 반에 구인회가 있었다. 구인회가 6번, 이병철이 26번이었다. 구인회가 열다섯 살이었고, 이병철이 열두 살이었다.

이병철이 6개월 만에 서울로 전학했기에 함께 공부한 기간은 길지 않았다. 하지만 두 사람은 비슷한 시기에 창업을 하며 고민을 나눴다. LG와 삼성은 여러모로 서로 도움을 주고받는 사이였다. 1951년 플라스틱 사업을 결정할 무렵 구인회는 삼성물산이 일본에서 들여온 책을 보며 연구했다. 《합성수지총서》라는 6권의 책이었다.

이병철이 구인회에게 공동으로 출자해 원당을 수입해 설탕을 만드는 사업을 하자고 제안하기도 했다. 하지만 구인회는 플라스틱 생산에 전념하겠다고 말했다.

"나는 기왕 결심한 바가 있어 생산업에 전념하겠으니, 이 형은 무역업을 해보소. 이 형이 무역 사업을 본격적으로 한다면 틀림없이 성공할 게요."

만약 수락했다면 LG도 제일제당 지분을 가졌을지 모를 일이다.

1957년에는 두 창업회장이 사돈을 맺었다. 구인회의 셋째 아들 구자학과 이병철의 차녀 이숙희가 결혼한 것이다.

이후 구자학은 제일제당과 호텔신라 등에서 일했고, 현재는 아워홈 회장이다. 그는 LG가에서는 유일하게 삼성에서 일했다.

사돈을 맺은 지 5년 후 이병철 회장은 다시 한번 동업을 제안했다.

"금성사 라디오가 잘 팔리고 있으니 같이 상업방송을 해보는 것이 어떻겠습니까."

구인회는 라디오에 이어 TV도 생산할 계획이었다. 또 부산일보를 경영하고 있어 미디어 사업에 관심이 높았다. 1964년 두 기업은 라디오서울과 동양방송(TBC)을 설립하며 방송 사업에 공동 진출했다. 출자 비율을 50대 50으로 하고 경영진도 같은 수로 맞췄다. 그러나 방송사를 운영하는 과정에서 양쪽 출신 임원들 사이에 공공연히 다툼이 일어났다. 결국 라디오서울은 삼성이, 동양방송은 LG가 가져가자는 제안이 삼성 쪽에서 나왔다. 하지만 이마저도 순조롭게 이뤄지지 않았다.

양사의 불화설이 외부에까지 퍼지자 구인회는 방송 사업을 포기하고 삼성에 모두 넘기기로 결단했다. 손주들이 컸을 때 할아버지들이 사업을 두고 다퉜다는 말을 듣게 할 수 없다는 것이 가장 큰 이유였다. LG와 삼성이 처음이자 마지막으로 함께한 사업은 끝났지만, 자칫 더 커질 수 있었을 불화를 막고 두 사람은 가깝게 지냈다.

1968년 어느 날, 두 사람은 서울 근교의 한 골프장에서 같이 골프를 쳤다. 골프를 끝내고 커피를 마시던 이병철 회장이 문득 말을 꺼냈다.

"우리도 앞으로 전자 산업을 하려고 합니다."

순간 구인회 회장은 화를 참지 못했다.

"사돈이 땅을 사면 배가 아프다더니 옛말 틀린 거 하나도 없군."

어색한 침묵이 흘렀고 두 사람은 이내 헤어졌다.

사실 구인회는 삼성의 전자 산업 진출에 대해 이미 알고 있었다. 회사에서 돈을 들여 해외 연수까지 보냈던 기술자들이 삼성으로 빠져나가고 있었기 때문이다. 국내 최초로 라디오와 선풍기, TV, 냉장고 등을 내놓은 LG였지만 시장이 성장하는 속도는 기대에 미치지 못했다. 여기에 기술자들까지 회사를 등지니 힘든 상황이었다. 사돈 관계인 LG의 핵심 인력을 빼내 가며 신사업을 준비하는 모습에 서운한 마음이 드는 건 어쩔 수 없었다.

그는 아내와 장남이 있는 자리에서 이런 말을 했다.

"그쪽에서 꼭 그래 하겠다면, 서운한 일이지만 우짜겠노. 서로 자식을 주고 있는 처진데 우짜노 말이다. 한 가지 섭섭한 점이 있다면 금성사가 지금 어려운 형편에 있는 점을 노려서 다리를 걸어 넘어뜨리자고 덤비는 것 같은 기라. 그러나 내는 내 할 일만 할란다. 나도 설탕 사업 할라 하면 못할 거 있나. 하지만 나는 안 한다. 사돈이 하는 사업에는 손대지 않을 기다."

1969년 1월 삼성전자를 설립하며 이병철 회장은 전자 산업에 뛰어들었다. 같은 해 12월 구인회 창업회장은 세상을 떠났다. 이렇게 두 사람은 영원히 화해하지 못했다.

삼성의 벽을 넘어서

"삼성은 뭘 한다던데 LG는 안 합니까?"

"이번 LG의 정책은 삼성이 그동안 해온 것과 닮았습니다. 삼성을 따라 하는 것 아닌가요?"

LG 사람들이 듣기 싫어하는 말들이다. 삼성에 대한 LG

의 라이벌 의식은 상당하다.

반도체, 디스플레이, 오디오, PC, 백색가전, 전자 부품, 자동차 부품, 화학제품, 세제, 통신기기, 의류, 유통, 증권, 보험, 제2금융, 방위사업…. LG와 삼성이 과거 경쟁했거나 지금도 경쟁하고 있는 업종들이다. LG의 계열분리와 삼성의 화학 계열사 매각 등으로 경쟁 분야가 크게 줄기는 했다. 그러나 여전히 자존심을 걸고 싸우고 있다. 특히 전자 쪽에서 삼성과의 경쟁은 숙명에 가깝다. 실적의 절대 수치뿐 아니라 상대적인 성과를 비교 평가하는 경우가 많다. 삼성과 비교해서 어느 정도 했는지가 내부 성과지표이던 때도 있었다.

LG전자의 한 과장은 10년 전쯤 상사에게 이런 지시를 받았다.

"삼성만큼 미국 사업을 잘할 방법을 찾으세요."

삼성에서는 수천 명이 수조 원의 자금을 굴리며 벌이는 사업이었다. 당시를 떠올리며 그가 말했다.

"서울에 앉아 머리만 굴려서는 삼성 같은 성과를 낼 수 없는 게 당연하지 않습니까. 경쟁도 좋지만 우리 역량에 맞는 전략을 고민해야 했어요."

사정이 이렇다 보니 삼성과의 경쟁에 얼마나 노출돼 있

는지에 따라 계열사의 분위기도 크게 달라진다. 삼성과 부대낄 일이 많을수록 조직문화가 보다 수직적이고 의사결정이 빠르다. 그래서 LG전자가 LG화학보다 상명하복에 충실하고 좀더 경직돼 있다. 밖에서 보기에는 기업에 소재를 공급하는 LG화학보다 소비자에게 직접 물건을 파는 LG전자가 더 유연할 것 같지만 실제로는 반대다. 삼성전자를 뛰어넘기 위해서는 빠른 의사결정과 일사불란한 움직임이 필요하기 때문이다.

소비자들도 LG와 삼성을 종종 비교한다. 그중에는 LG가 제품은 뛰어난데 삼성만큼 마케팅을 잘하지 못한다는 것도 있다. 특히 스마트폰과 컴퓨터에서 그런 인식이 있는데, LG는 나름의 원칙에 맞춰 홍보를 하지만 작은 것도 영리하게 부각하는 삼성의 광고 전략에는 뒤진다는 것이다. LG전자 관계자는 이렇게 설명했다.

"스마트폰 광고를 예로 들어볼까요? TV 광고 시간만 놓고 봐도 삼성이 1.5배에서 2배까지 깁니다. 광고 한 편에 들어가는 제작비는 둘째치고, 광고 시간이 길면 제품의 기능을 충분히 알릴 수 있습니다. 긍정적인 이미지도 심을 수 있고요. 하지만 광고 시간이 짧은 LG는 그 시간 내에서 핵심 기능만 확실하게 전달해야 하지요. 결과적으로 소비자들은 삼성의 광고가 더 세련됐다는 느낌을 받습니다."

그렇다고 LG가 삼성에 밀리기만 하는 것은 아니다. 2013년 삼성전자와 LG전자는 라스베이거스에서 열린 세계 최대전자쇼 CES에 OLED TV를 나란히 내놨다. 그해 LG전자는 OLED TV를 출시했다. 반면 삼성전자는 OLED 기술이 TV 같은 대형 디스플레이에 적용하기에는 아직 무르익지 않았다고 판단해 출시하지 않았다.

이후 LG전자는 OLED TV를 무기로 프리미엄 TV 시장을 빠르게 확대해나갔다. 결국 2017년에는 삼성전자를 넘어섰는데, TV 시장의 흐름이 브라운관에서 LCD로 바뀐 2000년대 들어 처음 있는 일이었다. 이에 대항해 삼성전자는 QLED 기술을 들고나왔다. 이런 두 회사의 경쟁은 차세대 TV의 표준을 한국 업체들이 정하는 결과로 이어졌다. 브라운관에서 평면으로 TV 표준이 바뀔 당시에는 한국과 일본, 대만 업체들이 LCD냐 PDP냐를 놓고 경쟁했다. 디스플레이를 만드는 LG디스플레이와 삼성디스플레이, TV를 판매하는 LG전자와 삼성전자가 치열한 기술 경쟁을 해온 결과다.

디스플레이와 TV를 놓고 볼 때 LG와 삼성은 판매량은 물론 기술력에서도 일본 등 외국 경쟁자들을 압도하고 있다. 강력한 라이벌의 존재가 기업의 성장에 큰 도움을 줄 뿐 아니라 국가 경쟁력도 높이는 셈이다.

국내 1위의 기업을 라이벌로 상대한다는 것은 큰 부담이다. 하지만 언젠가 삼성을 뛰어넘겠다는 의지는 LG가 세계 최고 수준의 제품을 생산하는 데 원동력이 됐다. 강력한 경쟁자는 근육을 단련하고 그 체력을 바탕으로 장수하는 데 꼭 필요한 존재다.

패기와 투지의 경영인

구본무 시대의 LG그룹을 이야기할 때 빼놓을 수 없는 경영자가 구본준 LG그룹 부회장이다. 구자경 명예회장의 3남인 구본준 부회장은 전문 경영인 체제가 자리 잡은 LG그룹에서 총수인 구본무 회장을 제외하고 네 형제 중 유일하게 경영 일선에서 형을 도왔다. 디스플레이 사업 진출, '스마트폰 쇼크'로 대규모 손실을 본 LG전자의 부활 등 쉽지 않은 과제들을 도맡았다. 이 과정에서 구본준은 특유의 패기로 직원들을 이끌었다. '독한 조직문화'를 설파하며 조직에 긴장감을 불어넣었고, 오너의 책임감으로 장기적인 목표를 향해 자원을 투입하는 결정도 마다하지 않았다. 이것이 따뜻하고 소탈한 이미지의 구본무 회장과 조화를 이뤄 LG그룹을 한 단계 밀어 올렸다.

1등을 향한 집념

1951년생인 구본준은 구본무보다 여섯 살 어리다. 해방 이후 구인회 창업자가 사업의 터전을 옮긴 부산에서 태어났다. 경영 일선에서 항상 생산 현장의 중요성을 강조했지만 LG 오너가에서 가장 수재형에 가까운 인물로 꼽힌다. 서울대(계산통계학과)를 졸업해 한국 개발연구원(KDI)에서 일하다 미국으로 유학 가 시카고대학교 대학원에서 경영학 석사학위를 받았다. 경영과 관련된 데이터 하나하나를 모두 기억하고 숫자에 밝은 것으로 유명하다. LG가의 후광을 걷어내더라도 엘리트로 불릴 만한 인물이다. 경쟁에서 지는 것을 유독 싫어하는 성품이 여기서 비롯됐다는 설명도 있다.

　이처럼 강한 자존심에 상처를 입은 일이 있었으니 1999년 정부의 대기업 사업조정(빅딜) 과정에서 LG그룹이 반도체 사업을 현대에 넘겨줘야 했던 일이다. LG반도체는 1985년 구본준이 처음 LG그룹에 발을 들인 계열사인 동시에 1997년 11월부터 대표이사로 경영을 이끌어온 회사이기도 했다. LG에 입사하기 전에는 미국 AT&T에서 2년여 동안 근무했다. 지금은 통신 업체 정도로 알려져 있지만 1980년 대에는 LG가 반도체 기술을 합작했던 회사로, 구본준 부회장은 초기부터 부가가치가 높은 고급 전자 부품 제조 기술에 깊은 관심을 쏟았다. 반도체와 디스플레이 사업의 중요성을 누구보다 잘 이해하게 된 이유이기도 하다. LG 오너가와 임직원들도 그룹의 미래 성장 동력인 반도체에 거는 기대가 컸다. 그럼에도 기업의 의사와 상관없이 반도체 사업을 포기하게 된 것이다. 이런 상실감은 반도체 포기 직후 새로 진출한 디스플레이 사업을 기필코 성공시켜야 하겠다는 집념으로 이어졌다.

구본준은 1998년 LG반도체에 속해 있던 LCD 사업을 분리해 LG LCD 설립을 이끌었다. 이듬해에는 네덜란드 필립스에서 당시까지 국내 기준으로는 사상 최대인 16억 달러의 외자를 유치해 LG필립스LCD를 설립했다. 설립 직후부터 2006년까지 LG필립스LCD에서 대표이사를 맡으며 부사장에서 사장, 부회장까지 승진했다.

이후 구본준은 LG필립스LCD를 세계 최고의 디스플레이 업체로 만들겠다는 목표 아래 삼성과 치열한 경쟁을 했다. 당시 휘하에서 일했던 직원들은 "LG CEO들은 보통 점잖고 나서길 싫어하는데 구 부회장은 정말 1등에 미쳐 있는 사람 같았다"라고 전했다. 어느 공장 준공식에서는 직원들 앞에서 1등을 강조하는 연설을 하다가 눈물이 복받쳐 목이 메기도 했다고 한다.

이런 공격적인 투자로 LG필립스LCD는 2002년 LCD 시장점유율 1위로 올라섰지만, 삼성전자의 공격적인 설비증설에 곧 다시 1위를 내주게 된다. 이런 와중인 2004년 말, 1만여 명의 임직원에게 운동화를 선물하며 "신발 끈을 동여매고 힘겨운 싸움을 벌여야 할 2005년을 맞이하자"라며 전의를 불태웠다는 것은 유명한 일화다.

한 번 설비증설 경쟁에서 밀렸던 LG디스플레이는 2005년부터 7세대와 8세대 LCD 생산설비에 공격적으로 투자했다. 이런 비용 부담으로 구본준이 LG디스플레이를 떠나던 2006년, 회사는 9452억 원의 영업손실을 보았다. 하지만 이런 투자는 이후 LG디스플레이가 LCD 시장을 장기 독주하는 밑거름이 됐다. 단기 손실을 겁내지 않는 오너 경영인이었기에 장기 비전에 따라 대규모 설비투자를 할 수 있었다는 평가다.

시장점유율은 밀리고 실적은 하락하던 2005년 8월, 구본준은 LG디스플레이 임직원들과 구미 사업장에 모였다. 소주에 수삼을 넣은 인삼주 두 통을 담근 뒤 '세계정복주'라는 이름을 붙였다. 글로벌 LCD 시장에서 확실한 1위를 달성했을 때 다시 모여 술을 마시자는 의미였다. 소니 등 일본 업체들의 위세가 막강하던 당시에 이런 목표를 실제로 이룰 수 있을지 의심하는 이들도 많았다. 하지만 그 목표는 빈말로 끝나지 않았다. 2009년 4분기 이후 LG디스플레이가 만 5년 이상 세계 시장 1위를 수성한 2015년, 구본준은 LG디스플레이 임직원들과 세계정복주를 열고 함께 술을 마셨다.

"제조업의 근본이 무너졌다"

2007년부터 LG상사를 이끌던 구본준은 2010년 10월 LG전자 대표이사로 자리를 옮겼다. 통상 11월 말에 있는 그룹 인사를 한 달 앞두고 CEO를 교체해야 할 정도로 LG전자의 상황이 긴박했던 것이다. 스마트폰으로 바뀐 휴대폰 시장

트렌드를 따라가지 못한 LG전자는 그해 3분기 1852억 원의 영업손실을 보았다. TV 사업도 실적이 악화일로에 있었다. 정기 이사회도 거치지 않고 단숨에 전문 경영인 체제를 오너 경영 체제로 전환한 이유다. 그런 구본준을 언론에서는 '구원투수'라고 불렀다.

LG전자를 맡자마자 구미와 창원 등의 주요 사업장을 둘러본 구본준은 두 가지 진단을 내렸다. 품질 좋은 제품을 생산해야 하는 제조업의 근본이 무너졌다는 것과 조직 전체에 적당주의와 안일주의가 만연해 있다는 것이었다. 적당주의로 침체된 분위기를 반전시키기 위해 구본준은 임직원들과 만날 때마다 '승부 근성을 가져달라. 모두가 악착같이 나서지 않으면 지금의 위기를 극복하기 어렵다'고 강조했다. LG전자의 각종 회의나 조회를 시작할 때마다 '반드시 1등 합시다'라는 인사말을 함께 외치기로 했다. 낡은 방식으로 보일 수 있지만 그만큼 절박했다. 당시 LG전자에서는 가전을 제외하고 시장에서 의미 있는 움직임을 보이는 사업부가 없었다. 인력 구조조정설은 물론 해외나 국내 다른 대기업에 회사 전체를 매각할 것이라는 소문도 끊이지 않았다.

직원들의 불안감부터 잠재워야 했다. 연간 1조 원씩 영업이익을 낼 때도 동결했던 임금부터 올렸다. 구본준이 맡은 이후 LG전자의 임금은 2년 연속 6%씩 인상됐다. 우려했던 인력 감축도 없었다. 사기가 떨어진 스마트폰 관련 연구 부서는 수시로 찾아가 격려했다. 우수한 성과를 내는 팀에는 '미스터 CEO' 피자를 돌렸다. 연일 밤을 새우는 스마트폰 연구원, 지방에서 제품 수리에 매진하는 서비스 엔지니어 등이 대상이었다. 2년여간 배달된 피자는 1만 4500판, 3만 3000여 명의 직원이 맛을 봤다.

하지만 위기의 근본적인 해결책은 결국 경쟁력 있는 제품을 내놓는 것이었다. 비용 절감을 이유로 아웃소싱했던 제조업 관련 주요 기능들부터 정상화했다. 스마트폰과 가전 제품 등의 외형을 찍어내는 금형 제작 연구 센터를 세워 관련 기술을 확보하는 데 나선 것이 대표적이다. LG전자 스마트폰이 뒤지는 부분으로 평가된 소프트웨어 기술을 강화하기 위해 각종 인력 양성 제도도 도입했다.

시장을 선도하기 위한 전략도 준비됐다. 스마트 TV와 3D TV 등 차세대 기술을 선도하는 제품이 부족하다는 진단에 따라 2013년 LG디스플레이를 이끌던 권영수 부회장과 함께 OLED TV 생산·판매에 돌입했다. OLED 패널이 스마트폰에만 쓰이고 있었던 만큼 TV 시장에서 얼마나 먹힐지 자신할 수 없을 때였다. LG OLED TV는 2016년부터 미국 프리미엄 TV 시장에서 삼성전자를 꺾으며 구본준의 판단이 옳았음을 증명했다. LG전자가 의욕적으로 육성하고 있는 전장 사업도 독립시켜 VC 사업본부를 설립했다. VC 사업본부는 규모는 작지만 가장 빠른 성장세를 이어가고 있다.

아름다운 퇴장

2016년에는 LG그룹의 지주사인 (주)LG로 자리를 옮겨 그룹의 신성장 사업을 총괄했다. 자동차 부품과 배터리 등의 품질을 높이고 고객을 확보하기 위해 동분서주했다. 특히 그룹 전체의 생산 시스템을 업그레이드하는 데 많은 노력을 기울였다. 한 LG 계열사 고위 관계자는 "어떤 계열사가 어디에 있는 무슨 라인에서 어떤 제품을 생산하며, 그 라인은 업계 전체에 비추어 어느 정도 수준인지를 머릿속에 완전히 정리해놓고 있었다"며 "LG그룹 전체의 생산라인을 그만큼 잘 아는 사람이 없다 보니 보고를 하던 임원이 당황하는 경우도 많았다"라고 전했다. 2017년부터 계열사 CEO 및 임원들과의 각종 회의를 주재하며 주문한 것도 제조라인의 혁신이었다. 전체 임원이 모인 세미나에서 LG전자 모듈 혁신 사례가 발표되고 일본 토요타 자회사의 대표가 토요타의 생산 방식을 소개하기도 했다.

2017년 말부터 구본무 회장의 건강이 눈에 띄게 악화되면서 구본준의 어깨가 더 무거워졌다. 구본무 회장을 대신해 이끄는 회의나 행사가 늘어났다. LG의 문화나 사정에 어두운 사람들 사이에서는 '아들인 구광모가 아니라 구본준이 그룹 경영권을 승계하는 것 아니냐' 하는 소문이 번지기 시작했다.

하지만 LG의 장자 계승 문화와 구본준의 성격을 아는 사람들 사이에서는 일찍부터 낭설로 받아들여졌다. 바깥에서는 투지 넘치는 경영자였지만 안에서는 가족 내 질서와 예의를 엄격히 따랐다. 회의나 식사 자리에서 직원들과 소탈하게 이야기하다가도 멀리서 구본무 회장이 보이면 "회장님

오신다"라고 먼저 말하고 옷 매무새를 가다듬고 일어났다.

예측은 틀리지 않았다. 2018년 5월 구본무 회장의 별세를 앞두고 구본준은 LG그룹 경영 일선에서 완전히 물러났다. 1985년 금성반도체 부장으로 입사한 지 33년 만이다. 조카인 구광모 회장에게 혹시라도 있을지 모를 부담을 없애고, 구본무 회장 별세 뒤 그룹 안팎에서 나올 수 있는 각종 왜곡된 해석을 차단하기 위해서였다. 다른 재벌 대기업에서 좀처럼 찾아보기 힘든 LG의 깔끔한 4세 승계는 결국 구본준의 '아름다운 퇴장'에서 비롯됐다고 볼 수 있다.

이런 일이 일어나기 한 달 전인 2018년 4월, 해외에서 열린 한 전시회에서 LG 계열사 직원들은 구본준과 구광모 회장을 함께 마주칠 기회가 있었다. 전시장에 도착한 차량에서 나란히 내린 두 사람은 거의 비슷한 스타일의 가죽점퍼를 입고 있었다. '구본준이 출장 나오는 길에 점퍼를 사면서 조카에게도 같은 브랜드를 하나 사준 것 아니겠느냐' 하는 해석이 이어졌다. 구본무 회장의 건강이 상당히 악화돼 있던 시점에 삼촌의 따뜻한 마음이 느껴지는 에피소드다. LG가의 인화는 바깥에서 보는 것보다 두터웠다.

3장

파격이 필요한 순간

혁신의 기본

럭키금성이 LG가 된 까닭은

필요할 때는 파격적으로

1995년 1월 1일 자 조간신문 1면 하단에는 생소한 광고가 실렸다. 아무것도 없는 하얀 바탕에 붉은 동그라미가 크게 박혀 있었다. 왼쪽 위의 눈 모양 점과 가운데의 코 모양으로 사람 얼굴을 형상화했다는 느낌은 받을 수 있었다. 잘 살펴봐야 보이는 작은 글자로 '미래의 얼굴(The Face of the Future)'이라고 쓰여 있을 뿐 광고 문구도 회사 이름도 없었다.

많은 이들의 호기심을 자아낸 이 이미지의 정체는 이틀

뒤에 밝혀졌다. 그룹 시무식에서였다. 새해부터 럭키금성은 LG로 이름을 바꾸고, 사람 얼굴을 닮은 붉은 동그라미를 로고로 사용한다고 했다. 지금은 누구에게나 친숙한 LG그룹의 로고는 이렇게 탄생했다.

첫 반응은 놀라움이었다. 당시만 해도 기업명을 한국 이름을 버리고 알파벳으로 바꾼 사례가 없었다. 로고도 특이했다. 1993년 삼성이 새로운 CI를 도입한 것을 시작으로 대기업들은 글로벌 이미지를 만들기 위해 잇따라 CI를 바꾸고 있었다. 하지만 로고나 글꼴을 다듬는 수준이었지 아예 이름을 바꾸지는 않았다. SK는 1998년에야 선경을 버리고 새 이름을 달았다. 게다가 이런 이미지 혁신을 이룬 곳이 보수적인 기업 문화로 유명한 LG였다는 것도 놀라움을 안겼다.

LG는 대기업 중에서도 '섹시'하거나 눈길을 한 번에 잡아끄는 경영 트렌드와는 거리가 멀다. 총수가 연초에 발표하는 메시지부터 연말의 임원 인사에 이르기까지 파격이란 게 없다. 간혹 큰 폭의 인적 쇄신이나 파격적인 승진을 예상하는 기사가 나가면 LG 쪽에서는 으레 이런 말이 돌아온다.

"그건 LG 스타일이 아닙니다."

아니나 다를까, 뚜껑을 열어보면 역시 LG 스타일대로다.

기자 입장에서는 김이 빠진다. 미디어의 생리상 기사가 안 된다는 느낌을 받기 때문이다. 이런 일이 반복되면 답답해 지기까지 한다.

하지만 기업은 새로운 경영론이나 조직관리 기법의 실험 실이 아니다. 파격적인 의사결정은 조직 전반에 예상치 못 한 충격을 가져올 수 있다. 변화를 두려워해서는 안 되지만, 합리적인 이유가 있어야 한다. 70여 년간 성장해온 LG는 대부분 변화보다는 자신의 스타일을 지켜왔다. 하지만 분명 한 이유가 있을 때는 변신을 주저하지 않았다.

LG로 변신하기 전에 각 계열사는 20~30년 이상 각자 다 른 이름을 사용했다. 럭키는 1974년부터, 금성사는 1958년 설립 때부터 이름을 고수해왔다. 이에 따라 럭키석유화학이 나 금성알프스전자처럼 화학 계열사들은 럭키, 전자 계열사 들은 금성이라는 키워드로 이름을 정했다. 어느 한쪽으로 정의하기 어려운 경우에는 럭키금성상사, 럭키금성경제연 구소처럼 양쪽을 모두 넣었다. 하지만 이제 LG라는 공통의 이름을 갖게 됐다.

물론 이름을 바꾸는 결정을 내리기가 쉽지는 않았다. 세 제부터 가전제품, 슈퍼마켓부터 주유소까지 광범위하게 소비자와 접촉하고 있는 대기업이었다. 이름을 바꾼다는 건 지금껏 쌓아온 제품과 기업 이미지를 버리고 새로운 모습으로 고객에게 다가가는 것을 의미했다. 시무식에서 한 구자경 회장의 말은 그래서 비장했다.

"세계 초우량 기업으로 21세기를 맞이하기 위해 많은 부담을 무릅쓰고 그룹의 명칭을 바꾸는 결단을 내렸습니다."

이런 결단을 내린 데는 여러 이유가 있었다. 우선 삼성을 시작으로 단일 CI로 마케팅에 나서는 흐름이 생겼다. 이런 가운데 화학은 럭키, 전자는 금성으로 각각 마케팅을 하면 역량과 자원이 분산돼 경쟁력이 떨어진다. 또한 1990년대 들어 해외 판매에 나선 전자 계열사들은 금성사의 영문명 Goldstar를 쓰고 있었는데 이는 전장에서 숨진 사람을 의미했다. 금성을 뜻하는 비너스(Venus)로 해외 마케팅을 하자는 의견도 나오기는 했다. 하지만 수십 년간 국내에서 사용해온 Goldstar와 병행하는 것도 쉽지 않았다. 일부 국가에서는 미리 Goldstar 상표권을 등록해놓은 업체들이 이름 사용료를 요구할 조짐까지 보였다.

대부분의 신문사가 럭키금성을 '럭금'으로 표기하는 데 대한 경영진의 반감도 높았다. 실제로 1995년 1월 4일 자기업은 새로운 경영론이나 조직관리 기법의 실험실이 아니다. 파격적인 의사결정은 조직 전반에 예상치 못한 충격을 가져올 수 있다. 변화를 두려워해서는 안 되지만, 합리적인 이유가 있어야 한다.

조간신문을 보면 '럭금그룹, LG로 이름 바꿔' 등의 제목을 쉽게 찾아볼 수 있다. 지면 제약으로 럭키금성을 두 글자로 줄여서 쓴 것이다. 현대, 삼성, 대우 등 주요 그룹 이름이 두 글자이다 보니 벌어진 일이기도 했다.

하지만 근본적인 이유는 따로 있었다.

성공적인 변신을 위하여

당시 구자경 회장은 조직문화를 바꾸는 데 노력을 기울이고 있었다. 이는 1988년 시작된 'V프로젝트'로 거슬러 올라간다. V프로젝트는 변화하지 않으면 살아남지 못한다는 생각에서 출발한 경영 혁신 활동이다. 프로젝트의 일환으로 이듬해인 1989년에는 내부 설문조사를 했다. 결과는 충격적이었다.

회사 이미지에 대한 질문에 사원의 57.8%가 '보수적이고 인간적이다'라고 평가했다. '진취적'이라는 답은 겨우 1.8%였다. 입사 전 럭키금성에 대해 잘 이해하고 있었다고 답한 직원들 중에서는 '보수적이고 인간적'이라는 답이 66%에 달했다.

구자경 회장은 크게 실망했다.

"그들 스스로 진취적이지 못한 기업인 줄 알면서도 지원했다는 것은 그들 자신이 진취적이지 못하다는 사실을 스스로 입증한 셈이 아닌가. (…) 럭키금성의 최고경영자로서 도무지 변명의 여지가 없었다. 책임을 통감하지 않을 수 없었다."•

구본무 부회장을 중심으로 구체적인 작업에 들어갔다. 1993년 임직원 및 국내외 고객 3700여 명을 대상으로 한 의견조사, 임직원 인터뷰 등을 바탕으로 새로운 그룹명과 CI에 담아야 할 가치를 취합했다. 1994년부터는 LG애드(현 HS애드)가 그룹명 및 CI 변경 작업을 시작했다.

LG는 럭키금성의 약자이면서 'Life is Good' 등 다양한 의미를 부여할 수 있다. 단순한 알파벳이라 외국인에게 더 쉽게 각인된다는 장점도 있다. 주요 기업 가운데 가장 먼저 영어 약자를 써서 보수적인 이미지를 탈피한다는 점도 의미가 컸다.

• 구자경, 《오직 이 길밖에 없다》

로고는 미국의 유명 디자인 업체 랜도에서 제작했는데 인간존중이라는 경영 이념을 담아달라는 요구를 충실히 구현했다. 신라 시대 유물인 얼굴무늬 수막새를 형상화해 화제를 모으기도 했다. 눈이 왼쪽에 하나뿐인 이유는 한 가지 목표에 집중하겠다는 의미다. 옆의 'LG'라는 글자는 회색이다. LG 공식 색상이 붉은색과 회색으로 정해진 것도 이때다.

결과적으로 럭키금성에서 LG로의 전환은 성공적이었다. 세계 진출이 본격화되던 시점에 이름이 바뀌면서 LG의 브랜드 가치도 차츰 올라갔다. 영국의 브랜드 평가기관 브랜드파이낸스에 따르면, 2017년 LG의 브랜드 가치는 167억 9600만 달러로 세계 88위를 차지했다.

따뜻하고 올바른 기업

2018년 한 잡지사가 19~34세 남녀 500명을 대상으로 기업 이미지에 대한 설문조사를 했다. 그 결과 삼성과 현대는 글로벌 활동이 활발한 기업, LG는 사회공헌 활동과 윤리 경영에 노력하는 기업 이미지가 있는 것으로 나타났다. LG는 직원 복지에 힘쓰고 맞벌이 부부가 다니기 좋은 기업이라는 이미지도 강했다. 반면 삼성은 성과에 따라 대우해주고, 현대는 개인의 경력에 도움이 된다고 생각했다. 한마디로, LG는 '착한 기업'이었다.

회사의 간판을 바꿔 단 후 25년 가까이 지났다. 그동안 글로벌 업체들과 경쟁해오면서 조직문화가 훨씬 진취적으로 바뀌었다. 하지만 LG는 올바르고 따뜻하게 느껴진다. 처음의 의도와 상관없이 LG는 이를 자신의 자산으로 내재화했다. 그리고 LG라는 새 이름을 알리는 과정에서 이런 이미지를 어필하는 데 성공했다.

대대적인 광고 캠페인이 큰 역할을 했다. 1995년부터 3년간 방송된 '사랑해요 LG' 광고는 생소했던 이름 LG를 사람들에게 완전히 각인시켰다. 가수이자 수많은 로고송을 히트시킨 작곡가 김도향이 만든 노래도 누구나 자연스럽게 음을 떠올릴 수 있을 만큼 친숙한 음악이 됐다. 밝고 따뜻한 화면에 배우 김희애, 김혜수, 배용준, 최지우 등이 등장해 "사랑해요 LG"를 외쳤다. LG의 이미지가 현대나 삼성에 비해 여성적이라는 점을 파악하고, 이에 따라 친숙함을 극대화할 수 있는 광고 전략을 쓴 것이다.

2008년에는 명화 속 인물이 로고송을 부르거나 연주하는 광고를 내놓았다. 이 캠페인을 기획하면서 HS애드는 LG의 강점을 살리면서도 삼성과 차별화할 수 있는 포인트를 연구했다. 설문조사 결과를 바탕으로 LG는 '사랑' '편안함' '신뢰'라는 가치와 가깝다는 결론을 내렸다. '기술'과 '능력'이라는 키워드를 선점하고 있는 삼성과 차별화되는 지점이었다.

사랑, 편안함, 신뢰를 '고객에 대한 사랑'으로 정리한 LG는 이를 가장 효과적으로 표현하기 위해 고객들의 뇌리에 깊게 남아 있는 '사랑해요 LG' 로고송과 친숙하면서도 고급스러운 느낌을 주는 명화를 앞세웠다.●

2017년 HS애드는 LG의 가장 사랑받은 광고 문구가 무엇인지 알아봤다. 1위는 조사 응답자의 30%가 꼽은 '사랑해요 LG'였다. 로고송도 기대 이상으로 히트하면서 CF 음악으로는 드물게 표절 시비를 겪었다. 가수 최진희가 부른 〈가버린 당신〉의 작곡자가 앞 소절의 멜로디를 표절했다며 소송을 낸 것이다. 2012년 법원은 두 곡 사이의 일부 유사

● 유창조 · 최우진, 'LG BI 전략에 기초한 명화 캠페인', 〈광고학 연구〉 20권 5호

성을 인정하면서도 "청각적 느낌이 확연히 다르다"라며 표절을 인정하지 않았다.

이렇게 LG는 광고를 통해 이미지를 쇄신한 대표적인 기업이 됐다.*

● 강승구, 'LG: 기업 이미지 광고의 전설을 쓰다', 《성공적인 글로벌 기업 이미지 마케팅》

혁신은 고객의 눈높이에서

세탁기의 기본은 세척력, 다시 기본을 생각하다

1989년 LG전자 세탁기 사업부가 받아든 성적표는 굴욕적이었다. 시장점유율 1위를 삼성전자에 빼앗긴 것이다. 1969년 한국 최초의 세탁기를 내놓은 이래 한 번도 놓쳐본 적 없는 자리였다. 삼성전자는 적극적으로 시장을 공략하고 있었다. 당시 100일 넘게 이어진 LG전자의 파업도 1등을 놓친 큰 이유였다.

손 놓고 있을 수는 없었다. 1위 탈환을 위해 F프로젝트팀이 구성됐다. 팀장은 조성진 기정(技正, 과장급)이었다. 세탁기 개발실에는 박사 출신 연구원도 많았지만 세탁기에 관해서라면 경험이 가장 많은 조 기정에게 팀장 자리가 돌아갔다. 제품 기획부터 디자인, 설계, 제조까지 각 분야의 젊은 직원들이 팀원으로 들어왔고 개발에 들어가는 모든 비용은 자유롭게 쓸 수 있었다.

F프로젝트팀은 그동안 당연시해온 모든 상식을 의심해보는 것부터 시작했다. 우선 세탁기의 본질적인 기능인 세척력의 기준부터 다시 검토했다. 세척력은 때가 씻겨나가는 정도를 수치로 나타낸 것으로 1.0이 이상적인 수치였다. 하지만 당시 국내 세탁기 업계에서는 0.5만 돼도 충분하다고 여겼다. 1975년에 일본 히타치가 그렇게 정했기 때문이다. 국내 업체들은 그 기준을 따르며 세척력보다는 외형과 편의 기능을 중심으로 경쟁하고 있었다.

F프로젝트팀은 이런 기준부터 되짚었다. 1980년대까지 주부들은 세탁기를 돌린 후 세탁이 만족스럽지 않은 빨래는 따로 빼서 다시 손빨래를 했다. 제조사들은 그것이 주부들의 깔끔한 습관 때문이라고 봤다. 하지만 F프로젝트팀은 세탁기의 세척력 자체가 문제일 수 있다고 판단했다. 그래

서 실험을 해보기로 했다. 연령대별로 30명의 주부를 초청해 만족스러울 때까지 손빨래를 하도록 한 것이다. 이렇게 했더니 평균 세척력이 0.66으로 나왔다. 0.5는 살림 경험이 가장 적은 주부의 세척력 정도였다.

시중에 나와 있는 세탁기들의 세척력도 다시 조사했다. 대부분의 세탁기는 제조 과정에서 애초에 설계한 품질을 밑돌아 0.38 정도밖에 안 됐다. 한국의 세탁기 제조사들은 고객의 요구에 크게 못 미치는 제품을 만들고 있었던 것이다. 일본의 품질을 따라가기에 급급하다 보니 '고객이 무엇을 원하는가'보다 '일본에서 어떤 제품이 나왔나'를 중심으로 신제품을 개발해왔기 때문이다.

F프로젝트팀은 제대로 된 조사를 통해 기준 자체를 새로 설정하고, 제품 구상 단계부터 제조라인 인력을 참여시켰다. 이 역시 혁신적인 시도였다. 이로써 제조 과정에서 불만스럽거나 비효율적인 부분을 처음부터 배제할 수 있었다. 제조라인의 노하우를 설계 단계에서 적용하니 품질도 높일 수 있었다.

이렇게 만들어진 제품이 1990년에 나온 '인공지능 세탁기'다. 세척력이 뛰어나고 소음과 진동은 적으니 5개월 만에 20만 대가 팔려나갔다. 그때까지 최고 판매 기록은 1개 월에 1만 대였다. 세월이 흘러 2017년에 조성진 팀장은 LG 전자 CEO가 됐다.

목소리를 듣고 눈높이를 맞추다

F프로젝트팀에서 시작된 제품 혁신의 노력은 세탁기에서 멈추지 않았다. 1990년대부터 10여 년간 이어진 제품 파괴가 그중 하나였다. 말 그대로 제품을 부순 것이다. 하자가 있어서 반품된 제품은 담당자를 모두 모은 가운데 부숴버렸다. 기능에는 문제가 없고 표면이 긁히거나 조금 부서진 정도였지만 가차 없었다. 애써 만든 제품이 폐기되는 장면을 지켜보며 직원들은 고객의 판단이 얼마나 엄격한지 느꼈다.

회의는 고객의 목소리를 듣는 것으로 시작됐다. 활자로 된 고객 의견이 아니라 진짜 목소리였다. 녹음기를 켜면 고객의 생생한 육성이 흘러나왔다.

"며칠 전에 그 회사 제품을 샀어요. 오래 쓸 생각에 제일

비싼 것으로 샀는데, 집에 배달된 제품을 보니까 껍데기가 찢어져 있었습니다. 포장에 신경을 더 써야 할 것 같네요."

고객의 목소리는 언제나 중요하다. 그래서 제품 기획 단계부터 고객의 의견을 반영했다. 새로운 제품을 만들기 전에 그 제품의 여러 가지 특징을 목록으로 만들었다. 고객평가단은 목록에 적힌 제품의 속성에 'Yes'나 'No'로 답했다. 한 항목이라도 'No'를 받으면 제품 개발에 들어가지 않았다.

고객이 원하는 제품, 삶의 질을 높이는 데 도움이 되는 제품, 꼭 필요한 제품을 만들려는 노력에서 LG전자는 어느 업체보다 앞서나가고 있다. 요즘 의류관리기는 혼수에 꼭 포함되는 품목이 됐다. 여러 업체에서 잇달아 의류관리기를 출시하고 있지만 LG가 '스타일러'를 만든 것은 이미 2011년이었다.

2015년에는 대형 세탁기에 소용량 세탁기가 부착된 '트윈워시'를 내놨다. 경쟁 업체들 역시 비슷한 제품을 출시하면서 프리미엄 세탁기의 표준이 됐다. 2016년부터 빠르게 성장한 건조기 시장을 이끈 것 역시 LG전자였다.

2017년과 2018년에는 제조업에서 좀처럼 보기 힘든 두 자릿수 영업이익률을 기록했다. 이렇듯 눈부신 성과를 냈지만 LG전자가 걸어온 길은 결코 순탄치 않았다. 1994년에는 컨설팅 업체 맥킨지로부터 사실상 사형 선고를 받기도 했다.

"경쟁력도 없고 장래성도 없다. GE 등 해외 기업에 매각하는 것이 낫다."●

가전 사업은 늘 어려웠다. 1990년 전후로는 높은 품질의 일본 제품과 경쟁해야 했고, 2000년대 들어서는 중국 제품의 저렴한 가격에 위협을 받았다.

하지만 온갖 위기를 넘기고 살아남아 수익률은 물론 사업 규모에서도 밀레와 일렉트로룩스 등 오랜 글로벌 강자들을 뛰어넘었다. 산요, 파나소닉 등도 일찌감치 물리쳤다. 그 일본 업체들은 1980년대 후반 대만의 토종 업체들을 빈사 상태로 내몰고 한국으로 몰려왔지만 LG전자를 넘어설 수 없었다.

중국 등 신흥국 제조사들의 가격 경쟁력 앞에서 선진국 가전 업체들은 주저앉을 수밖에 없었다. 하지만 LG전자는 오히려 세월이 흐를수록 경쟁력을 높여왔다. 그 비결은 고객의 눈높이에 맞는 혁신이었다.

● 곽숙철, 《그레이트 피플: LG전자, 그들은 어떻게 세계를 제패했나》

고객이 꿈꾸는 제품을 만들어라

사용자가 편한 디자인이 궁극의 디자인

2014년 구본준 LG전자 부회장을 비롯해 경영진이 한자리에 모였다. LG전자의 핵심 부문인 생활가전 및 TV 사업이 처한 어려움을 타개하기 위해서였다. 중국 업체들이 무섭게 치고 올라오고 있었다. 시장 크기는 그대로인데 새로운 선수들이 나타나 점유율을 늘려가니 기존 업체들은 타격을 입을 수밖에 없었다. 가만히 있다가는 LG전자도 일본 업체처럼 도태될 수 있었다.

결론은 '초프리미엄'이었다. 중국 업체들이 도저히 따라올 수 없는, 차원이 다른 제품을 만들자는 것이었다. 하지만 대중 브랜드인 LG를 단숨에 독일 명품 가전 업체 밀레 같은 프리미엄 브랜드로 끌어올릴 수는 없었다. 그래서 단계를 밟아나가기로 했다. 일단 프리미엄 제품을 만들고, 그 제품이 LG의 브랜드 파워를 끌어올리게 한다는 계획이었다.

2016년 LG 시그니처의 탄생 배경이다. 시그니처 제품들은 과거와는 전혀 다른 형태로 개발됐다. 기술이 아니라 디자인의 관점에서 접근한 것이다. 경영진과 디자인 담당, 상품 개발 인력으로 일등디자인위원회가 꾸려져 제품 콘셉트와 디자인을 정했다. 자문단에는 덴마크 산업디자이너인 토르스텐 밸루어를 마스터 디자이너로 참여시켰다.

신제품을 개발할 때 핵심 멤버로 참여하게 마련인 엔지니어들은 일부러 배제했다. 엔지니어가 기술적으로 한계가 있다는 식으로 반대하면 한 발짝도 나아가기 힘들기 때문이다. 한마디로 '선 디자인, 후 개발' 전략이었다. 일등디자인위원회에서 결정한 디자인은 제품이 나올 때까지 원안이 유지됐다.

LG전자는 기술적 한계를 이유로 디자인이 변형되는 일

을 가장 염려했다. 대신 디자인에 걸맞은 기술을 개발할 수 있도록 전폭적으로 지원했다. 인력과 자금을 이전보다 5배 정도 더 투입했고, 돈 못 벌어도 좋으니 기술만 열심히 개발해달라며 독려했다. 반발하던 엔지니어들도 어느새 승부욕을 불태우게 됐다.

디자인이란 단순히 화려한 색을 입히거나 특이한 모양을 만드는 것이 아니다. 세월이 흘러도 명품으로 인정받을 수 있는 디자인은 오히려 차분하다. 궁극의 디자인은 사용자의 스트레스를 최소화하고 효율성을 극대화하는 디자인이다.

이를 위해 국내는 물론 해외의 여러 가정에 관찰카메라를 설치해 사람들이 가전제품을 사용하는 모습을 살펴봤다. 냉장고와 관련해서는 많은 사람이 내용물을 확인하기 위해 수시로 문을 열어본다는 사실을 알 수 있었다. 문을 열지 않고도 내용물을 확인할 수 있다면 여러모로 편리할 것이다. 그래서 오른쪽 문을 강화유리로 만들고 노크를 하면 냉장실 안 조명이 켜지는 디자인을 생각해냈다. 센서를 달아 발끝을 대면 냉장고가 스스로 문을 여닫도록 하기도 했다. 두 손에 식재료를 들고 있을 때 문을 열기 어려워하는 점을 파악해 개발한 기술이었다. 반면 냉장고 문에 TV를 다는 것처럼 제품의 본질과 상관없는 기능은 배제했다.

세탁기에도 새로운 디자인을 적용했다. 호수에 비친 고요한 달을 모티브로 한 '프론트 로더 세탁기'가 출시되기 전까지만 해도 가전 업계는 세탁기 디자인에 관심이 없었다. 한국은 물론 중국, 북미 등에서 세탁기는 독립된 공간에 설치되는 만큼 디자인이 크게 중요하지 않다고 여겨져 왔다.

하지만 소규모 가구가 늘어나면서 주거 공간에도 변화가 나타나기 시작했다. 빌트인 가전이 대중화되고 세탁기가 주방이나 거실 등 생활 공간으로 들어오면서 외관의 중요성도 덩달아 커졌다. LG전자는 복잡한 조작 버튼을 LCD 터치 타입으로 바꾸어 문 안쪽에 숨겼다. 하얀 본체에 검은 원형 문 말고는 보이지 않는 간결하고 고급스러운 디자인이었다.

이런 혁신 덕분에 시그니처 제품들은 '작품'으로 인정받았다. 일반 제품보다 3배나 비싸지만 소비자들은 작품을 사는 데 기꺼이 돈을 썼다. 시그니처 제품은 트렌드에 민감한 40~50대 전문직 종사자들을 중심으로 수요가 꾸준히 늘고 있다. 혼수로 구입하는 신혼부부도 적지 않다. 시그니처 제품은 세탁기, 냉장고, 가습공기청정기, OLED TV로 시작됐는데 지금은 와인셀러, 상냉장·하냉동 냉장고, 건조기가 추가됐다.

그러나 투자비가 워낙 많이 들기 때문에 수익성은 높지 않다. 가격을 내려 판매량을 늘리면 이윤이 늘겠지만 LG 전자는 프리미엄 이미지를 유지하는 게 더 중요하다고 판단했다. 구본준 부회장은 이렇게 말하며 직원들을 격려한다.

"시그니처 제품은 그 자체로 광고입니다. 개발에 들어가는 돈, 제품을 팔지 못해 생기는 비용, 영업과 광고에 드는 돈, 이 모든 비용이 광고비입니다. 시그니처로 수익을 내지 않아도 좋아요. 수익이 안 나는 게 당연합니다."

구본준 부회장의 판단은 정확했다. 시그니처 덕분에 다른 제품에도 프리미엄 이미지가 입혀지기 시작했다. 시그니처로 처음 선보인 혁신적인 기술이 일반 제품으로 확산되는 효과도 나타났다. 냉장고 속 미니 냉장고라 할 수 있는 '도어 인 도어' 기능과 세탁기에 적용한 저진동·저소음 기술이 대표적이다.

시그니처 출시를 기점으로 LG전자 가전 부문의 실적은 훨훨 날고 있다. 출시 전인 2015년 9817억 원이었던 H&A 사업본부의 영업이익은 2016년 1조 3176억 원, 2017년 1조 4488억 원으로 가파르게 증가했다. 같은 기간 HE 사업본부 영업이익도 573억 원에서 1조 2374억 원, 1조 3365억 원으로 크게 늘었다.

2018년 H&A 사업본부와 HE 사업본부 영업이익은 각각 1조 5248억 원과 1조 5185억 원으로 사상 최대치를 기록했다. 영업이익률은 7.9%와 9.4%에 달했는데, 아무리 세계적인 업체라 해도 가전 부문 영업이익률은 5%에 못 미친다. 참으로 놀라운 성적이다.

LG 시그니처의 성공 경험은 LG 오브제 등 새로운 프리미엄 라인의 출시로 이어졌다. 오브제는 냉장고, 오디오, TV 등에 원목을 입혀 고급스러운 장식장 같은 느낌을 준다. 가구 같은 가전, 실내 디자인을 해치는 것이 아니라 품격을 더하는 가전제품은 소비자들이 꿈꾸던 것이었다.

프리미엄 제품은 프리미엄답게

2014년 7월, 중국의 시진핑 국가주석과 펑리위안 여사가 한국을 방문한 적이 있다. 그 직후 고급 한방 화장품 '후'의 판매량이 폭발적으로 늘었다. 펑 여사가 한국 면세점에서 구입한 화장품이라는 소문이 퍼지면서 중국에서 퍼스트레이디도 애용하는 제품이라는 이미지가 각인됐기 때문이다. 사드 사태로 한국 제품 불매운동이 일어나 매출이 뚝뚝 떨어질 때도 후는 고속 성장을 이어갔다. 2013년 2037억 원이던 매출은 2018년 2조 원을 넘었다.

2003년 출시 첫해의 매출은 103억 원이었다. 한방 화장품 시장은 아모레퍼시픽의 '설화수'가 장악하고 있을 때였다. LG생활건강 경영진은 후발주자로서 살아남기 위해서는 설화수를 뛰어넘는 최고급 이미지로 포지셔닝해야 한다고 판단했다. 저렴한 가격으로 승부하는 것은 좋은 방법이 아니었다. 결국은 수익성이 계속 하락해 사라지는 경우가 숱하다. 한방 화장품에서 독보적이었던 '백옥생'이 저급 브랜드 이미지 탓에 소비자들의 선택을 받지 못하는 반면, 설화수는 고급 이미지를 유지해 소비자들이 선망하는 브랜드로 자리 잡았다.

LG생활건강은 최상의 특권을 누리는 여성들이 사용하는 화장품이라는 감성적 가치와 궁중 비법에 현대 과학을 조합해 청아한 피부를 가꿔준다는 이성적 가치를 함께 제안하기로 했다. 이름도 '더 히 스토리 오브 후(后)'로 지었다.

현존할 때는 '왕비'라고 표현하지만 사후에는 '왕후'라고 표현하는 것에서 착안해, 전통적으로 전해 내려오는 피부관리 비법을 전달해준다는 인식을 주도록 했다.

'한방 화장품'이 아니라 '궁중 화장품'으로 차별화하기로 하고 제품에 이야기를 입히기 시작했다. 예를 들어 '공진향'은 원나라 명의들이 왕과 왕비에게 진상했던 공진단이라는 보약 성분으로 만들었다. '천기단'은 청나라 자희 태후(서태후)가 평생 귀하게 다뤘다는 손선소녀고 처방을 공진단에 더한 제품이다. 사용량에도 보약을 세는 단위인 첩을 적용했다.

최고의 여성이 사용한다는 이미지를 위해 매달 각계 최고의 여성을 뽑는 '더 후 멤버스' 캠페인도 진행했다. 연극계의 윤석화, 음악계의 조수미, 무용계의 강수진, 패션계의 박지원, 미술계의 한젬마, 국악계의 오정혜 등 여성 오피니언 리더들이 더 후 멤버스로 선정됐다. 백화점 VIP 고객뿐만 아니라 교수, 약사, 기업인 등 다양한 여성 지도자 행사나 국내 정상급 디자이너 패션쇼 등 현대판 왕후의 이미지와 부합하는 행사를 선정해 후원도 했다.

그러자 설화수에서 2006년 '진설'이라는 고급 제품 라인을 출시하며 시장을 방어하기 시작했다. LG생활건강은 배우 이영애를 모델로 써서 프리미엄 이미지에 대중성을 강화하기로 했다. 스토리텔링도 더 강화했다. 이영애를 주인공으로 한 궁중 판타지 소설 《후의 비밀》을 럭셔리 잡지에 연재하고, 이를 영상화한 TV CF를 잇달아 선보였다. 드라마 〈대장금〉을 통해 쌓은 이영애의 한국적 이미지는 글로벌 시장을 사로잡는 데 주효했다.

'시간은 아름다움을 시들게 하지만 왕후의 피부만은 영원하리라'라는 콘셉트로 '환유고 크림'도 출시했다. 한의학계 교수 등과 3년간 공동 연구를 거쳐 만든 제품으로 고소득 및 전문직 여성을 타깃으로 한다. 35년근 산삼, 시베리아 녹용, 천산 설련화, 동충하초 같은 최고급 약재를 궁중 비법으로 배합해서 백제 금동대향로의 봉황 장식을 차용한 용기에 담았다. 가격은 60ml에 68만 원으로 국내 최고가였다.

대개의 후발주자가 선발주자의 제품을 모방하면서 낮은 가격으로 차별화하는 것과 달리 후는 더 높은 가격과 더 고급스러운 이미지를 추구했다. 후는 2018년 설화수를 제치고 연매출 2조 원을 달성했다. 화장품 단일 브랜드로는 국내 최초의 기록이었다.

혁신은 하루아침에
이뤄지지 않는다

모터의 시간, 축적의 시간

가전제품에서 가장 중요한 것이 모터다. 청소기에서 먼지를 빨아들이고 세탁기에서 세탁통을 돌린다. 에어컨과 냉장고에서는 냉기를 만들어낸다. LG전자는 1960년 국내 최초의 선풍기를 내놓았고, 2년 뒤에는 선풍기 모터를 만들어냈다. 핵심 부품만은 직접 만들겠다는 노력의 결실이었다. 이후 계속된 국내 최초 냉장고, 에어컨, 세탁기의 출시는 모터의 국내 최초 개발과 발걸음을 같이했다.

LG전자 무선청소기 '코드제로 A9'이 영국 다이슨의 아성을 무너뜨리며 본격적인 경쟁에 나설 수 있었던 것도 모터의 힘이다. 지름 10cm의 작은 모터가 항공기 제트엔진보다 16배나 빠르게 회전하며 먼지를 빨아들인다. 손잡이 부분에 넣을 수 있을 만큼 작고 제트엔진보다 강한 모터를 만드는 데 4년이 걸렸다. 새로운 모터 하나를 개발하는 데는 보통 1년의 시간이 걸린다.

이처럼 중요한 모터지만 생산 조직 자체가 사라질 뻔한 적이 있었다. 1998년 외환위기로 사업 구조조정을 할 때 모터는 외부에서 조달해도 된다는 의견이 나온 것이다.

"모터는 개발하고 품질을 검증하는 과정에 많은 비용이 듭니다. 요즘은 기술력이 높아져 한국 업체뿐 아니라 중국 업체들도 모터를 잘 만들고요. 외주화하더라도 문제없습니다."

실제로 경쟁 업체들은 외환위기를 거치며 모터 사업부를 분사하거나 없앴다. 지금도 LG전자 규모로 모터 사업부를 거느린 기업은 많지 않다. 하지만 경영진은 수익성과 관계없이 사업을 유지하기로 결정했다. 모터는 가전제품의 기본이기 때문이다. 기본을 버릴 수는 없었다.

당장은 비용만 들어가고 언제 수익이 날지 모르는 사업에서도 LG는 기술 개발을 포기하지 않는다. 미련해 보일 만큼 한 우물을 깊게 파들어 간다. 다른 대기업이 속도와 실행력을 중요시한다면 LG는 늦게 가더라도 기술력을 쌓는 데 비중을 둔다. 그렇게 쌓인 기술력은 언젠가 진가를 발휘하며 제품 혁신을 이뤄낸다.

모터 개발을 포기하지 않은 덕분에 LG는 가전제품용 모터를 세계 최초로 개발할 수 있었다. 1998년에는 부피를 최대한 줄인 DD(Direct Drive) 모터를 개발했고, 2000년에는 섬세하게 제어할 수 있는 리니어 모터를 개발해 에어컨용 컴프레서에 적용했다.

프리미엄 세탁기 트윈워시도 축적된 모터 기술이 없었다면 개발하지 못했을 것이다. 위쪽 세탁기의 드럼은 수직으로, 아래쪽 세탁기의 드럼은 수평으로 원을 그리며 회전하는데 이처럼 다른 방향의 진동은 공진 현상을 불러일으킨다. 특정 진동에 다른 진동이 더해져 증폭시키는 공진 현상은 미국에서 다리가 붕괴되는 사고를 부르기도 했다. 그만큼 내구성에 영향을 준다. 이를 줄이려면 모터의 속도를 섬세하게 제어하는 기술이 있어야 한다.

어려움 속에서도 포기하지 않고 쌓아온 모터 기술은 새로운 사업 영역에서도 핵심적인 역할을 하고 있다. 전기차에서는 모터가 엔진을 상당 부분 대체하고, 로봇도 모터를 얼마나 세밀하게 제어하느냐가 품질을 결정한다.

경쟁자들이 기술 개발을 포기하거나 외주화할 때도 LG는 비용 손실을 감내하며 모터 기술을 축적해왔다. 그랬기에 혁신적인 제품을 만들 수 있었다.

쉽지 않은 기다림

1992년 LG 부회장이던 구본무는 신성장 동력을 발굴하기 위해 영국으로 출장을 떠났다. 그리고 여러 번 충전해서 사용할 수 있는 배터리가 있다는 사실을 처음 알았다. 놀라웠다. 당시는 한 번 쓰고 버리는 건전지를 쓸 때였다.

한국으로 돌아올 때 배터리를 가져온 그는 럭키금속에 제품을 연구하도록 지시했다. 1996년에는 배터리 연구 조직을 LG화학으로 옮겼다. 이차 전지의 대표주자인 리튬이온 배터리가 음극재, 양극재, 전해질 등 화학물질로 이뤄진 당장은 비용만 들어가고 언제 수익이 날지 모르는 사업에서도 LG는 기술 개발을 포기하지 않는다. 미련해 보일 만큼 한 우물을 깊게 파들어 간다. 다른 대기업이 속도와 실행력을 중요시한다면 LG는 늦게 가더라도 기술력을 쌓는 데 비중을 둔다.

만큼 LG화학이 더 적합하다는 판단에서였다. 글로벌 배터리 기업들이 전자 산업에 기반을 둔 것과 대조적이다.

1996년 LG화학은 1999년까지 리튬이온 배터리를 개발해 생산하겠다는 마스터플랜을 발표했다. 언론에서는 한국이 리튬이온 배터리를 개발하는 것은 불가능하다는 결론을 보도하던 때였다. 에너자이저, 듀라셀 등 글로벌 업체들조차 리튬이온 배터리 개발을 포기한 때이기도 했다.

하지만 LG는 개발 시기를 앞당기기 위해 100억 원 이상을 들여 시험 공장부터 건설했다. 그와 동시에 연구원들은 제품 개발에 돌입했다. 시장의 선두주자였던 일본 업체들의 정보를 얻는 게 중요했기에 연구진은 일본 업체들을 설득해 제조회사에 어떤 장비가 납품됐는지 확인했다. 그룹의 전폭적인 지원을 받으며 연구에 매달린 결과 1년 6개월 만인 1997년 일본 제품보다 뛰어난 세계 최고 용량(1800mAh), 세계 최경량(150Wh/kg)의 시제품을 만드는 데 성공했다. 1998년에는 국내 최초로 소형 리튬이온 배터리를 대량 생산할 수 있었다.

국내에서는 최초였지만 일본 업체와 비교하면 10년이나 늦은 상황이었다. 개발에는 성공했지만 막대한 투자 비용을 생각하면 경제적인 성과는 없는 것이나 마찬가지였다. 사업을 접어야 하는 게 아니냐는 의견이 나왔다. 하지만 LG화학은 중대형 배터리로 시야를 돌렸다. 전기자동차가 대중화되면 폭발적으로 성장할 분야였기 때문이다. 2000년 전기자동차용 배터리 연구를 시작하면서 북미 시장을 개척하기 위해 미국에 연구법인 LGCPI(LG Chem Power Inc.)도 설립했다.

전기자동차용 배터리 사업은 2년 만에 빛을 보기 시작했다. 2002년 콜로라도에서 열린 자동차 경주대회 '파익스 피크 인터내셔널 힐 클라임'에서 LG화학 배터리를 이용해 개발한 전기자동차가 우승을 차지한 것이다.

그러나 수익률은 여전히 마이너스였다. 2005년에는 적자가 2000억 원에 달했다. 배터리 사업을 접어야 하는 것 아니냐는 의견이 다시 한번 제기됐다. 구본무 회장은 말했다.

"투자는 길게 보고 하는 겁니다. 포기하지 마세요. 꼭 성공할 수 있다는 확신을 가지고 연구개발에 더욱 집중하세요."

구본무 회장의 독려로 누적되는 적자 속에서도 배터리 사업은 오히려 투자를 늘려나갔다.

그 결과 LG화학은 2007년 국내 첫 하이브리드 자동차

인 현대 아반떼와 기아 포르테에 탑재될 리튬이온 배터리 공급 업체로 선정됐다. 2009년에는 디트로이트에서도 기쁜 소식이 날아들었다. GM에 전기자동차용 리튬이온 배터리를 단독으로 공급하게 된 것이다. GM 쉐보레 볼트는 실제로 구매할 수 있는 세계 최초의 전기자동차다. 배터리가 동력의 보조 수단이던 기존 하이브리드카와 달리 배터리의 힘만으로 움직이는 차다. 따라서 출력 안전성 등 배터리의 성능이 전기자동차 상용화 여부를 결정짓는 핵심 요소가 된다. 그런 만큼 어느 업체가 배터리를 납품하는지가 최대 관심사였다. LG화학은 전 세계에 전기자동차 시대의 개막을 알린 셈이었다.

배터리 선진국 일본을 물리치고 얻은 성과라 더욱 의미가 컸다. 일본 업체들은 1990년대 초부터 니켈수소 배터리로 하이브리드 자동차용 배터리 시장을 장악해왔다. 그런데 LG화학의 리튬이온 배터리는 일본의 니켈수소 배터리보다 출력과 에너지가 50% 이상 높았다. 이로써 전기자동차 배터리는 리튬이온 배터리가 주도하게 됐다.

2010년 7월 15일은 구본무 회장에게 잊지 못할 날이었다. 홀랜드 공장 기공식이 열린 날이기 때문이다. 홀랜드 공장은 미국에 최초로 세워진 자동차 배터리 공장으로, 한국 기업 기공식에 미국 대통령이 최초로 참석했다. 당시 버락 오바마 대통령이 포드 포커스의 운전대를 잡았다. LG화학의 배터리가 탑재된 전기차였다.

이후 LG화학은 중국 난징과 폴란드 브로츠와프에도 공장을 세웠다. 이로써 한국 오창, 미국 홀랜드와 함께 글로벌 4각 생산 체제가 구축됐다. 연간 28만 대의 전기차에 탑재될 배터리를 생산할 수 있게 된 것이다.

2013년 시장조사 업체 내비건트리서치가 발표한 세계 전기자동차 배터리 기업 평가에서 LG화학이 1위를 차지했다. 에너지저장장치(ESS) 배터리 제조 경쟁력 평가에서도 2013년에 이어 2015년에도 1위를 기록했다. LG화학 배터리는 품질이 뛰어났다. 배터리 분리막을 얇은 세라믹으로 감싸 안전성을 강화했고, 배터리 형태가 캔이 아니라 파우치 타입이라 폭발 위험이 적다. 표면적이 넓어 열을 발산하기 쉬우므로 수명도 길다.

자체 개발한 스택앤폴딩(stack & folding)도 LG화학만 사용하는 특허 기술이다. 다른 업체들이 주로 쓰는 와인딩 방식보다 안정적인 구조라 사고 위험이 적다. L자형 배터리를 만들어 애플 아이폰에 납품할 수 있었던 것도 스택앤폴딩 구조 덕분이었다.

이 모든 성공은 아낌없는 투자와 오랜 기다림의 결과다. 혁신의 기본은 축적이다. LG전자의 배터리 기술과 모터 기술은 연구를 시작하고 10여 년이 지났을 때도 수익에 직접적인 보탬이 되지 않았다. 하지만 손실을 감내하며 묵묵히 연구하며 기술력을 쌓았다. 진정한 혁신은 하룻밤 사이에 일어나지 않는다.

준비되지 않은 혁신은 없다

디스플레이만큼은 빼앗길 수 없다

LG에서 디스플레이 사업은 가장 부침이 심하다. 업황이 좋을 때는 한 해에 1~2조 원의 수익을 내지만 시장이 나쁘면 한 분기에 수천억 원의 손실을 보기도 한다. 투자 비용도 만만치 않다. 한 번 투자하면 10조 원 이상을 2~3년간 집중적으로 쏟아부어야 한다. 파주에 있는 LG디스플레이 P10 공장을 짓는 데 15조 원 이상이 들어갔다. 예컨대 LG전자나 LG화학은 공장을 짓는 데 1조 원이 넘게 들어가는 경우가 거의 없다. 그런 만큼 한 번 잘못 투자하면 해당 기업뿐 아니라 전체 그룹이 어려움에 빠질 수 있다. 이런 위험을 감수하면서 투자에 나선다는 건 그만큼 자신이 있다는 뜻이다. 지식과 기술이 축적돼 있고 전문 인력도 준비돼 있는 것이다.

디스플레이 산업의 존재가 널리 알려진 것은 2000년대 초반이지만 LG는 그보다 훨씬 전부터 연구개발을 시작했다. LG전자 중앙연구소에서 TFT(Thin Film Transistor, 박막 트랜지스터)를 연구하기 시작한 것이 1987년경이었다. TFT는 LCD의 색상 등을 제어하는 부품이다. 메모리 반도체와 원리 및 제조 방법이 비슷하다. 당시 LG전자와 LG반도체가 함께 TFT 상용화에 나선 것도 이런 이유에서였다.

1993년에는 LG전자 내에 LCD 사업부가 생겼다. LG반도체에 있던 관련 조직도 LCD 사업부로 들어왔다. 1999년에는 LG필립스LCD가 출범했다. 당시 LG와 삼성, 현대 등이 디스플레이 사업을 벌이고 있었는데 합작 상대를 물색하던 필립스는 엘리베이터 사업의 오티스, 전자 부품 사업의 알프스 등 LG가 기존의 합작 파트너들과 원활한 관계를 유지하고 있는 것을 높이 평가했다(헬스케어 사업에 집중하기 위해 필립스는 2007년부터 지분을 매각했고, 2008년에는 LG필립스LCD 지분율이 20% 이하가 됐다. 이때 회사 이름이 LG디스플레이로 바뀌었다).

LG는 디스플레이 사업에 특별한 의미를 두고 있었다. 전자 산업의 핵심인 반도체는 지키지 못했지만 첨단 전자 부품으로 떠오르는 디스플레이에서만큼은 확실한 성과를 내겠다는 의욕이 강했다. 반도체를 중심으로 사세가 부쩍 확장된 맞수 삼성전자에 질 수 없다는 결의도 대단했다. 구본무 회장의 동생 구본준 부회장은 8년에 걸쳐 회사를 이끌며 투혼을 불태웠다. 자율 경영이 정착된 구본무 시대에 오너 경영자가 5년 이상 회사를 이끈 것은 LG디스플레이가 유일하다.

오너 경영으로 빠르고 과감한 의사결정이 가능해지면서 LG는 단번에 선두권으로 떠올랐다. LCD는 반도체와 비슷하게 경기의 흐름을 탄다. 구본준은 이런 변동에 익숙했기에 적절한 시기에 투자를 하며 시장을 늘려갈 수 있었다.

삼성과 함께 세계 디스플레이 시장의 50%를 장악한 LG는 2004년부터 삼성과 본격적으로 맞붙었다. 7세대 생산설비에 투자하면서 패널을 삼성보다 7% 정도 크게 만든 것이다. 디스플레이에서 패널을 얼마나 키울 수 있느냐는 매우 중요하다. TV나 스마트폰의 디스플레이 크기가 정해져 있는 가운데 패널이 클수록 하나의 패널에서 더 많은 디스플레이를 만들 수 있다. 패널의 가로세로 길이에 따라 생산 공장의 세대가 달라진다. TV용 디스플레이 업체 다수가 채택하고 있는 8.5세대 생산설비에서는 가로 225cm, 세로 250cm의 패널을 만든다. 그런데 중국 BOE 등의 10.5세대 생산설비에서는 가로 294cm, 세로 337cm의 패널을 만든다. 8.5세대 패널을 자르면 50인치 TV에 들어가는 디스플레이 6장을 만들 수 있지만 10.5세대 패널에서는 10장을 만들 수 있다는 얘기다. 한 번에 많은 디스플레이를 생산하는 만큼 효율은 올라가고 단가는 떨어진다.

세계 TV 시장의 표준이 40인치가 되리라고 전망한 삼성에 맞서 LG는 42인치가 더 많이 판매될 것이라고 예상하고 7세대 생산설비에 투자한 것이다. 당시는 삼성전자 TV가 소니를 제치기 시작하던 때였다. LCD 출하량도 삼성디스플레이가 LG디스플레이를 압도하고 있었다. 누가 봐도 LG가 불리한 싸움이었다. 하지만 구본준 부회장의 확신에는 변함이 없었다.

"논의할 가치도 없습니다. 앞으로는 42인치가 대세가 될 겁니다. 패배주의에 사로잡히지 마세요. 항상 2등만 하란 법 있습니까? 우리도 1등 할 수 있습니다."

LG디스플레이의 예상은 적중했다. 2007년 세계 TV 시장에서 42인치 TV가 612만 대 팔리면서 40인치 TV를 근소한 차로 제친 것이다.[*] 2009년 4분기에는 LCD 출하량에서도 삼성디스플레이를 뛰어넘었다. LG디스플레이는 2017년 3분기 중국 BOE에 자리를 내줄 때까지 세계 1위의 디스플레이 업체로 군림했다.

오랫동안 칼을 갈며 대비했기에 가능한 성공이었다. 충분히 준비하지 않는 한 새로운 시도는 무모한 도전일 뿐이다.

변화의 순간에 던진 승부수

변화의 시기인 2007년, 구본준에 이어 LG디스플레이를 이끈 건 LG그룹 내에서도 '승부사'로 유명한 권영수 부회장이었다. 2008년 말 글로벌 금융위기가 닥치면서 전 세계 디스

● 디스플레이서치 시장조사

플레이 산업도 깊은 수렁에 빠졌다. 수요 위축과 제품 가격 하락, 설비투자 침체가 겹치면서 디스플레이 전·후방 산업이 전반적으로 시련을 겪었다.

이때 그는 오히려 공격적인 투자를 결정했다. 경기 파주 8세대 라인, 경북 구미 6세대 추가 라인에 총 4조 4000억 원 규모로 신규 투자를 하는 계획을 밀어붙였다. 전자 업계 가동률이 50%로 떨어지고 있는 상황에서 커다란 모험이었다.

그의 판단은 옳았다. 디스플레이 산업을 주도하던 대만과 일본이 글로벌 금융위기로 투자를 급격하게 줄였다. 반면 2009년 1분기 기준 LG디스플레이 공장의 평균 가동률은 93%에 달했다. 양강 체제를 구축하고 있던 삼성전자를 제외하고 CMO, AUO 등 대만 업체들의 가동률이 40% 이하로 떨어졌다. 패널 공급량이 줄어들면서 시장에는 공급 부족 현상이 나타났다. LG디스플레이는 LCD 생산량을 기준으로 2009년 대만과 일본을 제치고 글로벌 1위로 올라섰다.

스마트폰 부문에서는 애플과의 공급 계약을 따내는 데 성공했다. 2010년 아이폰4 출시 당시 스티브 잡스는 LG디스플레이의 LCD 기반 'IPS(In Plane Switching) 패널'에 대해 "이런 디스플레이는 꿈도 꾸지 못했을 것"이라고 극찬했다.

애플이 공개적으로 LG디스플레이의 IPS 패널에 대해 언급하면서 전자 업계의 물량 요청이 쏟아졌다. 시장이 전반적으로 공급 과잉에 허덕이던 시기였지만 IPS 패널은 공급에 애를 먹을 정도였다.

기술이 먼저다

하지만 위기는 다시 찾아왔다. 대규모 정부 보조금을 먹고 자란 중국 LCD 업체들이 패널을 쏟아내기 시작하면서다. 공급 과잉이 심화됐다. 기존의 디스플레이 업체들은 차세대 기술인 OLED로 전환하는 데 승부를 걸었다. 디스플레이 산업에서는 경쟁자보다 신제품을 빨리 개발해서 많이 생산해야 수익을 낼 수 있다. 경쟁 업체들이 시장에 뛰어들지 못해 독주하는 기간이 길수록 수익이 불어난다. 반면 시장에 늦게 진입한 업체들은 초기 투자금도 회수하지 못할 수 있다. 결국 기존 LCD에서 OLED로 얼마나 빨리 전환하느냐에 성패가 달려 있다.

스마트폰용 OLED 시장에서는 삼성디스플레이에 주도

권을 빼앗겼다. 삼성디스플레이는 스마트폰용 OLED 시장을 선점하면서 분기당 1조 원이 넘는 돈을 벌어들였다. OLED가 프리미엄 스마트폰의 대세가 되면서 오랫동안 LG디스플레이의 주요 고객이던 애플도 삼성디스플레이로부터 OLED를 공급받게 됐다.

LG디스플레이가 스마트폰용 OLED의 중요성을 몰랐던 것은 아니다. 2007년에는 휘어지는 OLED를 세계 최초로 선보였고 2010년에는 4억 달러를 들여 미국 이스트먼코닥에서 관련 특허 800여 건을 인수했다. 원천기술에서는 삼성디스플레이에 결코 뒤지지 않는다. 하지만 OLED는 원천기술 이상으로 생산 기술이 중요하다. 소재 배합과 가공 과정에서 수많은 시행착오를 거쳐야 높은 품질의 제품이 나온다. 생산 기술은 10년 이상 스마트폰용 OLED를 만들어온 삼성디스플레이가 앞서 있을 수밖에 없다.

원천기술을 개발해놓고도 제조에 나서지 않았던 것은 고객사의 필요 때문이었다. 2010년대 중반까지 애플이 스마트폰에 LCD 패널을 고수한 것이다. 고품질 LCD는 OLED와 화질 차이가 크지 않은 데다 원가 부담이 적었다. 애플의 깐깐한 요구가 있었기에 더 높은 품질의 LCD를 만들 수 있었던 것도 사실이다. 고객사의 요구를 따를 수밖에 없는 것은 부품 업체의 숙명이다. 삼성디스플레이 역시 TV용 OLED 제조 기술을 확보해놨지만 한 단계 더 높은 기술로 바로 건너뛰려는 삼성전자의 TV 전략에 따라 생산은 하지 않고 있다. 하지만 삼성디스플레이는 삼성전자에 납품하는 것만으로도 대부분의 생산물량을 소화할 수 있는 데 반해 LG는 그렇지 않다. 일례로 2008년 주요 거래처이던 네덜란드 필립스와 미국 비지오의 TV 판매량이 급속히 떨어지자 LG디스플레이도 타격을 받았다.

대신 LG디스플레이는 TV용 대형 OLED에 투자를 집중했다. 표면적인 이유는 화소 하나하나가 빛을 내는 OLED 패널의 특성상 대형 패널에 더 유리한 기술이라는 점이었다. 근본적인 이유는 앞서 말했듯 중소형 OLED를 만들어도 팔 곳이 없었고, 그렇다면 차라리 대면적 양산 기술을 주도하겠다는 판단이었다.

LG디스플레이는 2011년 말 세계 최초로 55인치 TV용 OLED 패널을 개발했다. OLED의 기술적 특성상 '대형화'가 어렵다는 단점을 '화이트OLED(WOLED)' 방식으로 극복한 것이다. WOLED는 백색 소자가 RGB(빨강·초록·파랑)

컬러필터를 통해 다양한 빛을 내도록 하는 기술이다. 2013년 세계 최초로 55인치 OLED TV를 공개하며 LG디스플레이는 대형 OLED 패널 시장의 주도권을 잡았다. LCD에서 OLED로 '체질 개선'을 성공시킨 주역이 한상범 LG디스플레이 부회장이다.

기술 주도권은 확보했지만 수익성을 확보하기까지는 오랜 시간이 걸렸다. 시장 확대를 위해 TV용 OLED 패널을 낮은 가격에 공급하느라 높은 수익을 내지 못했기 때문이다. 2013년 사업 시작 이후 5년 만인 2018년 3분기에 처음으로 OLED TV 사업부문에서 흑자를 냈을 정도다.

우여곡절이 많았지만 결국 LG디스플레이는 TV와 스마트폰 양쪽에서 OLED로 성공적인 전환을 이뤄내고 있다. 2019년 하반기에는 중국 광저우 공장에서 OLED 패널을 생산해 중국에도 본격적으로 OLED를 공급할 수 있게 됐다. 스카이워스 등 중국 업체들이 OLED TV 마케팅에 적극적으로 나서고 있다.

OLED 기술을 기반으로 한 혁신도 이어지고 있다. LG전자가 미국 라스베이거스에서 열린 CES 2019에서 세계 최초로 롤러블 OLED TV를 선보인 것이 대표적이다. TV를 시청할 때는 화면을 펼쳐주고, 시청하지 않을 때는 화면을 본체 속으로 돌돌 말아 넣을 수 있는 제품이다. 백라이트가 필요 없어 얇게 만들 수 있고 구부리기도 쉬운 OLED 패널의 강점을 극대화한 것이다. 당시 미국 〈포브스〉는 "더는 대형 TV가 거실 중앙을 차지하지 않아도 된다는 것을 보여줬다"며 "LG가 수많은 '집 안의 혁신' 경쟁에서 이긴 것 같다"라고 평가했다. 애플 아이폰에도 LG디스플레이의 OLED가 탑재돼 삼성을 따라잡을 발판을 마련했다.

기술을 개발하고 연구하는 것은 지루하고 힘든 일이다. 때로는 막대한 자원을 투자하고도 보잘것없는 결과밖에 얻지 못하기도 한다. 하지만 기술 자체의 혁신이 없으면 성장을 이어갈 수 없다. 다른 영역에서는 혁신을 이뤄내더라도 후발주자들이 쉽게 카피해 금세 따라온다. 기술 혁신이야말로 혁신의 기본이다.

기술을 개발하고 연구하는 것은 지루하고 힘든 일이다. 때로는 막대한 자원을 투자하고도 보잘것없는 결과밖에 얻지 못하기도 한다. 하지만 기술 자체의 혁신이 없으면 성장을 이어갈 수 없다. 다른 영역에서는 혁신을 이뤄내더라도 후발주자들이 쉽게 카피해 금세 따라온다. 기술 혁신이야말로 혁신의 기본이다.

당장은 돈이 안 돼도

LG화학처럼

LG화학은 처음부터 기술에 모든 것을 걸었다. 남들이 삼백산업으로 쉽게 돈을 불려나갈 때도 기술 개발에 매달렸다. 1947년 크림 생산에 성공한 뒤 크림을 담을 용기를 만들기위해 1951년에는 플라스틱을 만들었고, 1959년에는 치약의 원료인 글리세린을 생산했다. 1966년에는 민간 기업 최초로 석유화학 사업에 뛰어들었다. 플라스틱은 물론 각종세제 등의 원료가 석유에서 시작되기 때문이다. 1978년에는 정밀화학 사업으로 한 단계 올라섰다.

LG화학은 그룹의 뿌리이며 그룹의 정체성과 가장 맞닿아 있는 계열사다. 하지만 LG를 떠올리면 제일 먼저 생각나는 것이 LG전자다. 직원 수와 매출 등 외형에서 가장 크고, 기업 고객이 아니라 소비자를 직접 상대하기 때문에 이름이 가장 많이 알려져 있어서다. 잘 알려져 있진 않지만 LG화학은 오랫동안 LG의 중심이었다. LG화학의 전신인 럭키는 2003년 그룹이 지주사로 전환하기 전까지 사실상 지주사 역할을 했다.

1960년대 초 구인회 창업회장은 계열사 자율 경영을 천명하며 모든 직함을 내려놨을 때도 LG화학 사장직만은 유지했다. 1966년에는 계열사 가운데 유일하게 사장제를 폐지하고 회장직을 신설했다. 이에 따라 그룹 회장을 보좌하는 조직이 필요해졌는데, 이 역시 LG화학에 있었다.

총수들은 LG화학에서 경영 수업을 시작했다. 구자경 회장은 락희화학 부산 공장, 구본무 회장은 LG화학 심사과 과장으로 LG에 첫발을 들였다.

다른 계열사들과 얽혀 있는 LG화학의 사업 분야를 살펴보면 그룹 전반의 사업 내용을 그려볼 수 있을 정도다. 지주사 체제가 정립된 이후로도 오랫동안 LG에 LG화학 출신이 가장 많았던 이유다.

LG화학은 잠시도 쉬지 않고 기술을 혁신해 새로운 영역을 개척했고, 그렇게 진출한 분야에서 매번 성과를 거두어 왔다. 화학 기술로 만들 수 있는 대부분 영역에 진출했기에 국내는 물론 해외에서도 이처럼 폭넓은 사업군을 거느린 화학 업체는 찾아보기 힘들다.

LG가 쌓아 올린 기술력은 다른 계열사들에도 든든한 버팀목이 됐다. LG화학은 LG전자에 플라스틱 소재를 공급하는 것은 물론 정수기 필터도 제조하고 있다. 정수기의 생명은 오염물질을 걸러내는 필터다. LG화학의 필터가 없었다면 후발주자로서 정수기 시장을 공략하기 힘들었을 것이다. LCD 편광판과 OLED의 각종 소재도 LG화학에서 제조한다. 그래서 LG디스플레이는 품질 좋은 소재와 부품을 싸게 공급받아 높은 원가 경쟁력을 갖게 됐다.

LG화학과 오랫동안 한솥밥을 먹었던 LG생활건강은 중국의 사드 보복으로 한국 제품이 잘 안 팔리던 2017년에도 사상 최대의 실적을 올렸다. 매출이 전년 대비 34% 늘었고, 주요 브랜드가 중국 곳곳의 백화점에 추가 입점했다. 이런 실적은 이듬해 다시 한번 경신됐다.

이처럼 오랫동안 축적한 경험과 지식을 다른 업체가 따라잡기는 어렵다. 그 업력으로 LG화학은 70여 년간 한 번도 손실을 보지 않았다. 재미있는 점은 LG화학의 5개 주요 사업군 가운데 석유화학 사업에 속하는 기초소재 분야의 수익이 가장 크다는 것이다. 기초소재가 다른 사업군의 손실을 보전해주고 연구개발 비용까지 대는 구조다. 사정이 이렇다 보니 2017년에는 후발주자인 롯데케미칼이 영업이익에서 LG화학을 앞지르기도 했다. 눈앞의 이익을 따지는 대신 앞을 내다보고 늘 10년에서 20년 먼저 투자하기 때문이다. 가령 바이오 의약품이라는 말 자체가 생소하던 1983년부터 럭키중앙연구소에 유전공학연구부를 두어 연구를 시작했다. 이듬해에는 캘리포니아에 바이오 의약품 연구를 위한 현지 법인을 세웠다. 1970년대부터 약품 연구를 해오다가 미래에는 바이오 물질로 만든 새로운 약이 주목받으리라고 예측했던 것이다.

1990년대까지만 해도 국내 제약 기업의 연구개발비는 매출액의 4.3%에 불과했다. 글로벌 제약사들은 15~20%에 달했기에 국내 100개 제약사의 연구개발비를 모두 합쳐도 글로벌 제약사 한 곳에 못 미쳤다. 그런데 LG화학은 제약 부문 매출의 49.3%를 연구개발에 다시 투자했다. 이런 노력의 결과 새로운 항생제를 개발해 글로벌 제약사인 글락소에 수출할 수 있었다.

국내 최초로 유전자를 재조합해 만든 B형 간염 백신을 상용화했고 성장호르몬제도 국내에서 처음 개발했다. LG는 매년 저소득층의 저성장 어린이들에게 '유트로핀'을 기증한다. 원재료의 독성 때문에 글로벌 제약사들도 포기했던 퀴놀론계 항생제를 만든 것도 LG화학이었다. 연구원들이 밤을 새워가며 매달린 결과다.

2017년에는 16년 전에 분리해 나갔던 LG생명과학과 다시 합병했다. 삼성바이오로직스와 바이오에피스, 셀트리온이 바이오 의약품에 대규모 투자를 하고 있는 가운데 LG생명과학만으로는 힘에 부쳤기 때문이다. 이로써 바이오 분야에 대한 투자가 연간 수백억 원대에서 2000억 원 이상으로 크게 늘었다.

기술 혁신을 기초로 화장품회사에서 출발해 석유화학회사로, 배터리회사로, 차량 소재 회사로, IT 소재 회사로 변신을 거듭해온 LG화학. 미래에는 바이오 사업이 LG화학의 주력 사업이 될지도 모르겠다.

아주 특별한 조직

LG화학뿐 아니라 LG전자, LG디스플레이 등 전자 계열사들도 기술 혁신을 위한 노력이라면 누구에게도 뒤지지 않는다. 특별한 조직도 있다. 바로 TDR이다. TDR은 '해체하고(Tear Down) 새롭게 디자인한다(Redesign)'는 뜻이다. 평소 업무 절차를 해체하고, 회사 전체에서 목표에 맞게 인력을 뽑아 팀을 새롭게 구성한다. 태스크포스나 프로젝트팀과 비슷한 역할을 하지만, 조직의 일부만 소속되는 것이 아니라 구성원의 상당수가 상시적으로 소속돼 활동한다.

　TDR 인원은 적게는 10명 안팎이고, 많게는 수십 명에 이른다. 시장조사와 상품 기획부터 제조, 마케팅까지 각 분야의 사내 전문가들이 일상적인 업무에서 벗어나 주어진 과제를 해결하는 데 매진한다. 문제의 근본적인 원인을 찾고 새로운 시각으로 해결책을 제시하며 절차를 재설계해, 과거에는 생각하지 못했던 혁신적인 성과를 내는 것이 목표다.

이런 성과에는 파격적인 보상이 따른다.

LG전자 전 부회장 김쌍수는 TDR에 대해 이렇게 설명했다.

"도전적인 목표를 잡고 초과 달성을 하는 데 TDR은 훌륭한 도구였습니다. 손에 분명히 잡히고 눈에 확실히 보일 때까지 문제를 파헤쳐 근본적인 원인을 분석했지요. 그런 다음 새로운 생각과 방법에 따라 다시 구성해서 혁신을 이뤄냈습니다."

1990년대 초에 만들어져 20년 이상 세월이 흐르면서 TDR은 문화처럼 자연스럽게 조직에 스며들었다. 다른 기업이라면 이례적일 태스크포스 활동이 LG 직원들에게는 하나의 일상이 됐다. 1995년 가전 사업을 매각하라는 권고가 있었을 때는 가전 사업부 인원의 20%가 TDR에 속해 활동하기도 했다. TDR은 80여 개의 혁신 과제를 성공시켰고, 가전 사업부는 1996년부터 매년 20% 이상의 매출 성장을 기록했다. 1990년에는 매출액이 8000억 원이었지만, 2003년에는 5조 1500억 원으로 6배 이상 증가했다.

LG전자 제품을 보면 삼성전자에는 없는 것들이 많다. 미용가전부터 빔프로젝터, 스피커 등이 예다. 스타일러처럼 과거에 존재하지 않던 새로운 제품도 내놓는다. 이처럼 혁신적인 제품을 만드는 과정에는 항상 TDR이 있었다.

고화질 대형 TV를 4mm로 슬림하게 만들어 높은 판매량을 기록한 '시그니처 올레드 W'도 TDR의 성과였다. LG 디스플레이는 2017년까지 OLED TV를 출시할 수 있도록 OLED 패널을 제작한다는 목표를 세우고 2015년에 TDR을 구성했다. 매년 시장에 나오는 전자제품은 라스베이거스에서 1월에 열리는 CES에 선보이는 만큼 2016년 말까지는 개발이 완료돼야 했다. OLED 패널은 물론 TV 회로 설계, 기구 설계 등 각 부문의 전문 엔지니어 18명으로 TDR이 구성됐다. 부장급 책임 연구원부터 갓 입사한 신입사원까지 직급과 나이도 다양했다.

OLED 패널은 LCD보다 얇기 때문에 화면 두께를 4mm로 줄이기는 어렵지 않았다. 문제는 모든 부품을 화면에서 떼어내 따로 모아야 한다는 점이었다. 외부의 영상을 받아들이고 화면에 전달하는 부품은 별개의 셋톱박스에 담아야 했다. 셋톱박스와 화면을 연결하는 전용 케이블도 만들어야 했다. 4mm밖에 안 되는 TV 패널에 들어갈 만큼 얇은 케이블에 용량이 큰 영상과 음성 데이터를 빠르게 실어 보내야 했다. 이 외에도 대형 화면에서 나오는 열을 빼내는 방열장치를 별도로 설계해야 하는 등 해결해야 할 문제가 줄을 이었다. TDR이 다양한 분야의 전문가로 구성될 수밖에 없었던 이유다. 그러다 보니 또 다른 어려움도 생겨났다. 자기 분야에 대한 자신감만큼 자기주장도 강해 이견을 조율하기가 쉽지 않았다. 각자가 속한 조직에서 익숙했던 업무 방식이 있으니 이를 맞춰가는 것도 큰일이었다.

그러나 명확한 목표가 있었고 그 목표를 달성했을 때의 보상이 얼마나 큰지 다들 알았다. 서로 생각이 다르더라도 강력한 동기를 공유하고 있다면 의사소통에서 벌어지는 문제는 자연스럽게 해결된다.

TDR은 결국 과제를 해결했다. 2016년 말 '시그니처 올레드 W' 제작에 성공해 새해에 열린 CES에 시제품을 내놓았다. 이후 운반 테스트 등 내구성을 추가 검증한 뒤 2017년 3월 신제품을 출시했다. 한 해 동안 가장 괄목할 만한 성과를 남긴 TDR로 뽑혀 CEO로부터 상을 받았고, 그룹 차원에서 열린 신기술 시상식에서도 높은 평가를 받았다.

LG 같은 대기업 직원들은 조직의 다양한 자원을 활용할수 있다. 하지만 어떤 활동을 할 때는 부서 안팎의 상시적인 평가와 승인을 받아야 한다. 그 때문에 스타트업에서만큼 직원들이 공격적이거나 활동적으로 되기는 힘들다. LG는 고정관념을 뛰어넘는 혁신적인 제품을 만들기 위해 TDR을 만들어 성공했다. 지금도 1000개 이상의 작은 조직이 운영되는 등 혁신이 계속되고 있다.

바꾸려면 확실하게

때를 놓치지 말고 재빠르게

기술 혁신은 조직 혁신이 전제돼야 한다. 혁신도 결국 사람이 하는 것이고, 기업의 업무구조와 조직문화는 혁신을 담는 그릇이다. 그러나 기존의 조직과 업무를 바꾸는 일은 구성원들에게 상당한 스트레스가 된다. 혁신을 이뤄내기가 어려운 것이 그 때문이다. 조직을 혁신하는 데는 연구개발 못지않은 비용이 들기도 한다.

2003년 LG는 지주사 전환이라는 혁신을 이뤄냈다. 그 배경에는 1997년 외환위기 때 얻은 교훈이 있었다. 그전까지 한국 대기업은 계열사들이 서로 출자하는 상호출자와 순환 출자로 얽혀 있었다. 적은 자본으로 빠르게 사업을 확장할 수 있기 때문이다. 하지만 위기가 오면 전체가 어려움에 빠질 수 있다. 1999년 대우그룹이 부도를 맞은 것도 그 때문이다. 정부도 입장을 바꿨다. 재벌 중심의 경제가 더 공고해질 수 있다는 우려 때문에 지주사 설립을 막아왔지만, 이제는 지주사 설립을 장려하는 쪽으로 선회했다.

LG는 2000년에 지주사 전환을 발표했다. 재벌 기업 중에서는 처음이었다. 구본무 회장은 그룹의 장기적인 전략만 챙기고, 각 계열사는 이사회를 중심으로 책임 경영을 하기로 했다. 새로 설립할 지주사에서는 빚이 한 푼도 없는 무차입 경영을 실현해 그룹 전체의 안정성을 확보하겠다는 계획도 포함됐다. 그룹의 전체적인 출자구조와 계열사 각각의 재무구조를 쉽게 살펴볼 수 있어 투명 경영도 실현될 터였다.

당시는 그룹의 모태인 LG화학이 지주사 역할을 하고 있었다. LG석유화학을 지배하고 있었으며 LG전자(6.15%)와 LG건설(12.65%)의 주요 주주이기도 했다. LG전자가 18개, LG건설이 6개 계열사의 지분을 보유해 그 정점에 LG화학이 자리 잡고 있는 구조였다. 지주사 체제로 전환하기 위해 LG는 계열사들의 지분을 재편했다. LG화학이 화학 계열사를, LG전자가 전자 계열사를 거느리는 방식이었다. 그리고 화학 계열사의 지주사 LGCI, 전자 계열사의 지주사 LGEI를 만들었다. 2003년에는 LGCI가 LGEI를 흡수합병하면서 지주사 LG가 탄생했다.

지주사를 세우는 데는 돈도 많이 들었다. 지주사는 자회사 지분을 30% 이상 보유하도록 규정돼 있다. LGCI는 LG화학·LG생활건강·LG홈쇼핑(현 GS홈쇼핑)의 지분을 매입하는 데 3923억 원을 들였고, LGEI는 LG전자 주식을 사들이는 데 1조 3846억 원을 썼다. 2000년 LG전자의 영업이익이 6600억 원이었으니 상당한 규모라 할 수 있다. 설비투자나 사업 확장이 아니라 조직을 혁신하는 데 조 단위의 돈을 쏟아붓는 것은 쉽지 않은 일이다.

하지만 구본무 회장은 선대부터 꾸준히 추진해온 자율경영을 확실히 정착시키기 위해서라도 지주사로 전환해야 한다고 판단했다. 당시 강유식 구조조정본부장은 단계마다 꼼꼼하게 밑그림을 그리며 이 혁신을 이끌었다. 몇 년이 멀다고 규제가 바뀌는 한국에서 정부가 문을 열어줬을 때 빨리 마무리할 필요도 있었다. 실제로 2017년 이후 정부에서는 지주사 전환이 대기업에 경제력이 집중되도록 만들고 있다며 규제를 강화할 움직임을 보이고 있다.

재벌 그룹 최초의 지주사 전환은 이렇게 이뤄졌다.

현명한 선택, 탁월한 결과

처음에는 투자해야 할 돈을 쓸데없는 곳에 낭비했다는 비판도 있었다. 하지만 서서히 효과가 나타나기 시작했다. 우선 자율 경영이 대기업 가운데 가장 일찍 뿌리를 내렸다. 이에 따라 경영권 승계도 깔끔하게 이뤄졌다. 계열사 지분을 변칙적으로 상속받거나 계열사 간 출자구조를 흔들지 않고 지주사의 주식만 상속하면 되기 때문이다. 2019년 현재 LG의 시가총액은 13조 3000억 원이다. LG화학이 26조 4000억 원, LG전자는 11조 4000억 원이다. 오너 입장에서는 상대적으로 적은 돈으로 그룹에 확고한 지배력을 가질 수 있게 됐다.

LG 이후 두산, SK 등이 지주사 전환을 이뤘다. 이제 지주사 체제는 중요한 경영구조로 뿌리내렸다. LG는 선두주자인 만큼 지주사 구조도 가장 짜임새 있게 갖췄다. 21만 명에 이르는 전체 직원 중 지주사 직원은 200명도 안 되지만, 이들은 총수의 의사결정을 보좌하고 컨트롤타워의 역할을 맡는다.

특히 감사를 맡은 정도경영TF는 권한이 막강하다. 계열사 경영진의 비리나 배임을 감시하기 위해 사장급을 방문해 조사하기도 한다. 전략 기획 기능은 시너지팀, 신성장추진단, 경영전략팀 등으로 모습을 바꿔가며 담당한다. 그 덕에 LG전자와 LG디스플레이의 역량을 모아 OLED TV 사업에 적극적으로 나서고, 이질적인 화학 및 전자 계열사들이 자동차 부품 사업에 함께 진출할 수 있었다. 전략 기획 부문은 구광모 대표가 가장 오래 일했던 곳이기도 하다. 그 밖에 계열사 고위 인사 정보를 관리하고 인재 육성을 담당하는 인사팀, 계열사 자금 지원과 출자를 담당하는 재경팀이 있다.

상반기와 하반기에는 각 계열사와 1~2일씩 돌아가며 회의를 한다. 총수가 회의를 주재하며 경영 현황을 듣는다. 이를 제외하면 따로 보고받거나 간섭하지 않는다.

지주사 전환은 그때까지 어떤 대기업에서도 하지 않은 조직 혁신이었다. 이를 통해 LG는 투명하고 효율적인 기업으로 거듭났다.

묵묵히 일하는 그룹의 살림꾼

1999년 1월 6일은 LG그룹 역사를 통틀어 가장 어두웠던 날 중 하나로 꼽힌다. 20년 이상 의욕적으로 키워온 반도체 사업을 '빅딜'이라는 이름으로 현대에 넘기기로 결정한 날이기 때문이다. 그룹이 있는 LG트윈타워의 분위기가 아침부터 가라앉아 있는 가운데 그룹 구조조정본부장을 맡고 있던 강유식 사장이 카메라 앞에 서서 준비해 온 입장문을 읽었다.

"구조조정을 순조롭게 추진한다는 대승적인 차원에서 반도체를 넘기기로 전격 결정했습니다. (국가의) 전체적인 구조조정 작업에 걸림돌이 되지 않기 위해 큰 결심을 하게 됐습니다."

불과 한 달 전인 1998년 12월 8일에 사장으로 승진했지만 그에 따른 기쁨을 즐길 시간은 없었다. 이미 8월부터 서울 모처 호텔에 마련된 '빅딜 베이스캠프'에서 주요 그룹 관계자들과 서로 포기할 사업을 두고 치열한 기 싸움을 벌여왔고, 최종적으로는 그룹에 상처를 입히는 결과로 이어졌기 때문이다. 외국 컨설팅회사와 정부가 이미 싸움의 결론을 내린 상황에서 그가 할 수 있는 일은 없었다. 하지만 당시 강유식 사장에게는 절망도 사치였다. 반도체 사업의 지분 매각을 놓고 현대와의 지루한 협상이 남아 있었기 때문이다.

이처럼 강유식 부회장은 비즈니스 세계의 경쟁이나 화려함과는 거리가 먼 삶을 살았다. 오랜 시간이 걸리면서도 바깥에서는 빛이 나지 않는 일들이 그의 몫이었다. 하지만 구본무 회장이 LG그룹을 이끈 23년 동안 회사가 변곡점을 지날 때마다 그의 이름이 등장한다. 1998년 말 사장 승진 이후 2017년 LG경영개발원 부회장을 끝으로 회사를 나올 때까지 그가 최고의 자리에 있을 수 있었던 이유다.

강유식 부회장의 이름이 바깥에 알려진 것은 1998년 초 LG그룹 구조조정본부의 부본부장을 맡으면서다. IMF 외환위기 직후 그룹 내 자금 유동성이 말라가는 가운데 재무구조 개선과 사업 구조조정, 출자구조 재편 등의 업무를 성공적으로 이끌었다.

해외 기업들의 투자를 적극적으로 유치한 것이 비결이다. 당시 LG 계열사들의 재무 상황이 일시적으로 어려워지기는 했지만 기술력과 시장 개척 능력은 해외 경쟁사들의 인정을 받고 있었다. 강 부회장은 외국 기업에 일부 지분을 넘기거나 합작사를 세우는 등의 방식을 동원해 유동성 위기를 넘겼다. 외환위기를 거치는 과정에서 외국 기업과 LG의 합작법인 수는 5개에서 13개로 늘어났다. 강제된 반도체 빅딜을 제외하고 LG가 외환위기 과정에서 다른 대기업 집단에 비해 출혈이 적었던 데는 그의 공이 컸다.

금성반도체에서 전무와 부사장으로 일하기도 했던 그는 반도체 빅딜의 상처를 지우는 일에도 앞장섰다. LG가 정부 방침에 반발해 반도체 사업을 포기하지 않겠다는 의사를 내비치던 때에는 일본 등을 돌며 외자 유치를 통해 채권단 도움 없이 위기를 헤쳐나갈 방법을 타진했다. 반도체 사업의 빈자리를 디스플레이 사업 육성을 통해 메우기로 그룹이 결단을 내렸을 때도 이를 현실화할 방법을 찾아 동분서주했다. 1999년 LCD 사업에서 필립스와 합작하게 된 것은 그가 절치부심 끝에 이뤄낸 결실이다.

대기업 집단 중에서 가장 처음 시도한 지주사 전환도 강유식 부회장이 이끌었다. 국내에는 참고할 선례가 마땅히 없는 가운데, 어떤 계열사를 서로 묶고 지분을 교환해 전체 그룹을 아우를 지주사를 설립할 수 있을까 하는 문제는 복잡한 방정식이었다. 작은 실수가 계열사들의 재무구조에 영향을 줄 수 있어 실수를 용납하지 않는 정밀함이 필요했다. 강유식 부회장은 3년이라는 길지 않은 시간 동안 이런 작업을 성공적으로 마무리했다. 2003년 출범한 그룹 지주사인 ㈜LG의 첫 번째 대표이사에 올라 2012년 말까지 일한 것은 당연한 결과였다. 그만큼 LG그룹의 지주사 시스템을 정확히 이해하는 인물은 없었다. 그가 ㈜LG를 이끄는 동안 LG그룹의 지주사 시스템이 정착됐고 계열사들이 사업상 시너지를 내게 됐다.

강 부회장은 여러 면에서 요샛말로 '사기 캐릭터'에 가까운 인물이다. 한마디로, 모든 것을 갖춘 인물이라는 얘기다.

서울대 상대를 수석으로 입학한 재원이면서 뚜렷한 이목구비에 키도 180cm가 넘는 장신이다. 만 70세의 나이에도 배가 나오지 않은 몸매에 자세가 곧다. 그가 대학을 졸업하던 1971년에는 드물던 공인회계사 자격증을 따고도 이듬해 LG화학에 입사했다. 이후 그룹 소유구조 개편과 재무 분야에서 남다른 능력을 발휘한 것도 이런 전문지식이 타의 추종을 불허했기 때문이다.

입사 3년이 지난 1975년, LG화학 심사과에서 대리로 일하고 있던 강유식 부회장에게 운명적인 만남이 찾아왔다. 처음 회사생활을 시작한 구본무 회장이 과장으로 발령받아 와 함께 일하게 된 것이다. 일하는 동안 강유식 부회장의 능력을 눈여겨본 구본무 회장은 자신이 그룹을 이끌게 된 1995년 이후 그를 중용했다.

언론에 나서는 등 화려함을 싫어하면서 맡은 임무를 묵묵히 빈틈없이 처리하는 강유식 부회장은 구본무 회장에게 꼭 필요한 참모였다. 어떤 사안이든 정곡을 정확히 파고들며, 필요한 질문과 의견만 짧게 제시하는 그를 계열사 최고경영자와 임원들은 어려워했다. 하지만 그룹 회장이 제시한 큰 방향에 맞춰 계열사들을 추슬러 가는 데는 빠질 수 없는 재능이었다. 강유식 부회장은 2018년 5월 구본무 회장이 별세하기 직전까지 보좌하며 자신의 역할을 다했다.

4장

고난의 시기가
찾아오면

위기 극복의 기본

버리지 못하면
더 많은 것을 잃을 수 있다

떠나야 할 때는 떠나야

한국 전자 사업의 효시를 쏘아 올린 LG는 반도체의 중요성
을 국내 어떤 기업보다도 잘 이해하고 있었다. 그럼에도 타
의에 의해 반도체 사업을 빼앗겨야 했다. 1999년 정부 주도
로 이뤄진 대기업 사업조정(빅딜)이 그것이다.

1992년 구자경 명예회장은 이렇게 말한 적이 있다.

"앞으로 전자제품은 반도체 덩어리가 될 테지만 위험 부
담이나 투자 규모, 기술 장벽 때문에 세계에서 반도체를 만

드는 회사는 몇 남지 않을 것입니다. 그렇게 되면 반도체를 파는 기업은 돈을 벌 수 있고, 반도체를 만들지 않고 TV나 VCR 등 최종 제품만 만들어 파는 기업은 돈을 벌 수 없습니다."•

실제로 반도체를 만드는 기업은 D램의 경우 삼성전자와 SK하이닉스, 마이크론밖에 남지 않았다. 이들은 2010년대 중반부터 기록적인 영업이익을 올렸다.

1990년대 초 컴퓨터 보급이 늘면서 전 세계적으로 메모리 반도체의 수요가 증가했다. 1990년 이후 5년간 반도체 시장 규모는 3배 이상 성장했고 연평균 성장률은 23.7%에 이르렀다. 반도체 업체들은 앞다퉈 생산설비를 늘렸다. 당시 반도체 사업을 영위하던 삼성전자와 현대전자, LG반도체도 예외가 아니었다. 반도체 업체들 사이에 먹고 먹히는 경쟁이 시작된 가운데 1997년부터 아시아에 외환위기가 확산되며 반도체 시장도 위축됐다. 직접 타격을 입은 한국 업체들은 더 큰 어려움에 빠졌다. 대부분이 증설 과정에서 대출을 일으켰는데, 금리가 올라가면서 금융 비용이 빠르게

● 구자경,《오직 이 길밖에 없다》

불어났다. 세계 시장에서 1위를 달리던 삼성전자를 제외하면 생존을 장담하기 힘들다는 이야기가 나오기 시작했다.

이에 김대중 정부는 재벌 그룹들의 사업 구조조정에 반도체도 포함시켰다. LG는 화학, 삼성은 전자, 현대는 자동차에 주력하게 한다는 목표 아래 먼저 기아차와 아시아자동차를 현대에 넘겼다. 전국경제인연합회(전경련)에 구성된 구조조정실무추진반을 중심으로 LG반도체와 현대전자의 반도체 사업을 합쳐야 생존이 가능하다는 공감대가 형성됐다. 1998년 9월 양사도 합병에 합의했고, 10월에는 합병 비율 등 구체적인 조건까지 결정했다.

문제는 합병된 반도체 업체의 경영권을 누가 맡을지였다. 이를 결정할 외부 평가기관을 정하는 데 진통을 겪자, 전경련이 미국 컨설팅 업체 아서 디 리틀(ADL)을 추천했고 LG와 현대가 이를 받아들였다. 대기업 간의 합병 실사는 통상 6개월이 걸리지만 ADL은 한 달여 만에 작업을 마쳐야 했다. 국제사회에 구조조정 의지를 보여주기 위해 하루빨리 빅딜을 끝내려는 정부의 의지가 강했기 때문이다. 당시 ADL 관계자마저 이렇게 토로했다.

"200억 달러의 자산에 130억 달러의 부채를 가진 초대형 프로젝트를 3~5주에 끝내라고 하는 것은 세계가 웃을 일입니다."

어찌 됐든 ADL은 6주 만에 평가를 마무리하고 현대전자의 손을 들어줬다. 지금 돌아봐도 어느 한쪽의 손을 들어주기가 쉽지 않았을 것으로 보인다. 일단 가장 화두가 된 재무건전성에서는 LG반도체가 앞섰다. LG의 부채가 6조 5000억 원으로 9조 4000억 원인 현대의 70% 수준이었다. 부채비율도 LG는 487%로 현대의 688%보다 낮았다. 총자산 중 차입금비율은 LG가 75.2%, 현대가 80.2%였다. 하지만 회사 규모는 사업을 좀더 일찍 시작한 현대 쪽이 컸다. 자산은 현대전자가 10조 8000억 원, LG반도체가 7조 8000억 원이었으며 세계 시장점유율도 현대가 9%(3위), LG가 6.7%(6위)였다. 다만, OEM 물량을 포함한 실제 점유율은 LG가 13.6%로 현대전자의 10.7%보다 오히려 앞섰다는 분석도 있다.

졸지에 반도체 사업을 넘겨주게 된 LG는 강하게 반발했다. 당시 LG반도체 사장이었던 구본준은 즉각 반대 성명을 냈다.

"공정한 평가의 기본은 평가 기준과 방법에 대한 사전 합의와 실사 검증입니다. 하지만 이런 절차를 거치지 않았습니다. 양쪽 당사자 중 한쪽을 배제하고 독단적으로 진행됐기에 신뢰할 수 있는 의견으로 보기 어렵습니다."

전자 산업에서는 후발주자인 현대가 통합 반도체 법인을 이끌게 된 것에 대해 의구심이 들끓었다. 당시 소 떼를 이끌고 북한에 가는 등 정부의 대북 정책에 협조적이었던 현대를 챙겨준 것 아니냐는 의혹도 제기됐다.

합병을 피하기 위해 독자생존도 모색했다. 구본준과 강유식 구조조정본부장은 미국과 일본의 전자 업체를 찾아다니며 외자 도입을 타진했다.● 하지만 김대중 대통령은 반도체 빅딜이 본격화되기 전부터 LG를 겨냥하고 있었다.

"5대 재벌 중 한 곳이 반도체에 집착하고 있습니다. 하지만 정부가 해야 할 일을 중도에 포기하는 일은 결코 없을 것입니다."

금융감독위원회(지금의 금융감독위원회에 금융위원회의 기능도 갖고 있던)는 LG반도체의 자금 수급을 차단하고 나섰다. 신규 대출을 중단하는 것은 물론 기존 대출의 연장도 막기 시

● 〈한국경제신문〉, 1998년 12월 25일

작했다. 합병을 거부한 LG반도체가 자금 부족으로 도산한다면 그룹 전체가 어려워지리라는 위기감이 LG를 강타했다. 그즈음 신용평가기관 무디스에서 한국의 반도체 통합 지연이 국가 신인도 상향 조정을 지연시킬 수 있다는 보고서를 내놨다. 국가 신인도와 그에 따른 환율 및 금리 움직임이 온 국민의 관심사이던 때 LG 때문에 국가 경제가 피해를 보고 있다는 인상을 주는 내용이었다.

정부가 빅딜에 사활을 걸고 있는 가운데 이에 반대하는 것은 정부에 맞서는 것이었다. 정치 권력과 유착하는 것은 물론 정면으로 맞서는 것도 피해온 LG의 역사에서 이례적인 순간이었다. 반도체에 대한 애착이 그만큼 강했던 것이다. 하지만 구본무 회장도, LG도 더는 버틸 수 없었다.

1999년 1월 6일 구본무 회장은 청와대를 찾아갔다. 김대중 대통령을 만나 LG반도체 경영권과 지분 100%를 현대에 넘기겠다는 의사를 밝혔다. 그리고 성명을 냈다.

"결정을 내리기까지 많은 고민을 했습니다. 하지만 기업 구조조정에 적극적으로 동참해서 한국 경제의 신인도를 높이는 데 기여하기로 결심했습니다. 앞으로 다른 주력 분야를 중심으로 경쟁력을 높이겠습니다."

합병 과정에서 실무를 주관하고 평가기관 선정을 주도한 전경련과 LG의 관계는 이때부터 나빠지기 시작했다. 구본무 회장은 1999년부터 14년간 전경련의 각종 행사에 발길을 끊었다. 집무실이 있는 LG트윈타워에서 전경련 회관까지는 걸어서 20여 분 거리다.

1999년 4월 LG는 현대에 지분을 넘기는 계약서에 서명하는 것으로 반도체 사업을 접었다. 하지만 현대도 우여곡절 끝에 반도체 사업을 포기했고, 결국 회사는 하이닉스로 독립했다. 참여자 전부가 패배자가 된 1999년의 반도체 빅딜은 정부의 시장 개입 실패 사례로 남았다.

반도체 사업, 그대로 했다면

그토록 공을 들이고 애정을 가졌던 반도체 사업을 지키고 싶다는 소망은 LG로서는 당연한 것이었다. LG가 반도체 사업을 시작한 것은 1979년 대한반도체를 인수하면서다. 당시 대한반도체는 생산된 반도체를 포장하고 가공하는 후공정 업체였다. 이듬해 미국 AT&T와 합작해 금성반도체를 설립했다. 지금은 통신 업체 정도로 알려져 있으나 AT&T는 반도체에 관한 한 최고의 기술을 보유한 벨연구소를 거느린 전자 업체였다. 구본준이 1982년부터 3년간 AT&T에서 일하고 금성반도체로 입사한 것은 반도체 사업을 꾸려나가기 위해서였다.

당시는 메모리 시장이 본격적으로 열리기 전이라 LG는 비메모리 분야에 집중했다. 가전제품 등 다양한 전자제품에 맞춰 작동할 수 있는 여러 종류의 비메모리 반도체가 필요했다. 삼성전자가 기흥 공장을 착공하고 메모리 반도체 시장에 진출하던 1983년에는 LG도 사업을 확장하려 했으나 AT&T와 의견 충돌이 발생해 여의치 않았다.

1985년부터 64K D램 기술을 도입했으며 1989년 히타치와 기술 제휴를 하면서 메모리 반도체 생산을 시작했다. 이때 금성반도체는 금성일렉트론으로 이름을 바꿨고 1995년 LG반도체로 다시 한번 새 이름을 달았다.

국내 최초로 0.35 μm ASIC(주문형 반도체) 생산 공정을 개발하는 등 LG반도체는 비메모리 분야에 강했다. 1996년에는 미국 썬마이크로일렉트로닉스와 자바 언어 전문 반도체 공급 계약을 맺었다. 판매 규모가 크지 않은 비메모리 반도체 분야에서는 큰 계약이었다. 지멘스에도 마이크로컨트롤러를 납품하는 등 기술력을 인정받았다. 하지만 메모리 반도체에서는 경쟁사들에 미치지 못했다. 그래도 메모리 관련 사업의 비중을 높여갔다. 1994년에는 생산 품목에서 메모리 반도체가 차지하는 비중이 LG 90%, 삼성 87%로 LG가 더 높았다.[*]

LG는 삼성이나 현대와는 다른 전략을 취했다. 두 회사가 DDR(Digital Disk Recorder) 생산을 고수한 데 비해 LG는 램버스(rambus) D램 생산에 나섰다. 램버스 D램은 DDR보다 정보처리 속도가 10배나 빨랐고, 머지않아 DDR을 완전히 대체할 것으로 기대됐다. 인텔도 램버스 D램을 기반으로 한 컴퓨터 칩세트를 만들었다. LG뿐 아니라 독일 인피니온, 일본 NEC와 히타치, 미국 마이크론도 램버스 D램 제조에 뛰어들었다.

램버스 방식이 보편화되면 DDR D램에서의 기술 열세를 뒤집고 LG가 시장을 장악할 수 있을 터였다. 하지만 삼성전자의 판단으로는 램버스 D램은 확장성이 낮은 데다 원천

● 김재훈, 〈한국 반도체 기업의 유형 변화〉

기술을 가진 램버스사에 특허료를 지급해야 해서 사업성이 떨어졌다.

이후 시장은 삼성전자의 예상대로 흘러갔다. 2001년 인텔은 램버스 D램을 주 메모리로 하는 펜티엄4 칩을 출시했지만 PC 제조사들이 채택을 꺼려 판매 부진을 겪었다. 결국 2003년 인텔은 램버스 D램 기반 칩세트 제조를 접었다. CPU 등 컴퓨터 칩세트 시장의 90% 이상을 점유한 인텔이 이런 결정을 내리면서 램버스 D램은 반도체 시장에서 사라졌고, 투자한 업체들은 막대한 손실을 보았다.

비슷한 시기에 반도체 시장을 둘러싼 치킨게임까지 벌어지면서 NEC와 히타치는 반도체 사업을 포기했다. 지분은 일본 정부가 사들여 엘피다(이후 마이크론에 인수)를 설립했다. 독일의 인피니온 역시 메모리 반도체 사업을 포기했다.

LG가 반도체 사업을 현대에 넘기지 않았더라도 결국은 사업을 정리할 수밖에 없었을지 모른다. 1990년대 후반 이미 부채비율이 높았던 데다 5~6년 후 쓸모가 없어진 램버스 D램 생산라인의 손실을 감당하기 힘들었을 것이다. 반도체 라인을 끌고 갔다면 비슷한 시점에 시작된 LCD 생산라인을 증설하지 못해 LG디스플레이가 지금처럼 성장하지 못했으리라는 분석도 있다. 하지만 기술력을 보유하고 있었던 비메모리 반도체에서는 성공할 가능성이 컸다.

반도체와 디스플레이 사업을 함께 영위할 수 있는가 하는 문제는 2011년 하이닉스가 매물로 나왔을 때도 검토됐다. 지속적인 대규모 설비투자가 필요하고 시장 주기에 따라 큰 손실을 보기도 하는 두 산업을 동시에 끌고 갈 수 있을까. 시장이 좋을 때는 문제가 없지만 두 산업이 함께 하락세를 맞이하면 그룹 전체를 흔들 수 있다.

물론 인수전에 나서지 못한 이유는 2010년 스마트폰 쇼크를 입은 LG전자를 정상화하는 것이 우선이었기 때문이다. 유상증자를 통해 LG에 자금을 수혈한 상황이었기에 하이닉스를 인수할 여력이 없었다. 어쨌든 하이닉스를 놓치면서 반도체로 한 해 수십조 원을 벌어들이는 삼성전자와 큰 격차가 벌어지게 됐다. 다만 가전과 TV, 로봇 등에 들어가는 비메모리 반도체는 계열사 실리콘웍스를 통해 설계한 뒤 다른 제조 업체에 맡기는 방식으로 만들고 있다.

상실감은 집념이 되어

오랫동안 공들여 일궈놓은 무언가를 포기한다는 것은 사람에게든 기업에든 쉽지 않다. 손에서 놓기를 망설이다 파국을 맞은 뒤에야 실패를 인정하곤 한다. 하지만 막상 포기하고 조금 물러나서 생각하면 과거에 부여했던 만큼의 큰 의미를 지닌 일이 아니었던 경우가 많다. 그것을 포기해야 새로 개척할 길이 보인다.

실제로 반도체에 대한 LG의 상실감은 디스플레이 사업을 성공시키겠다는 의지를 낳았다. 이는 공격적인 LCD 생산설비 증설, 최초의 TV용 OLED 제조 등 과감한 투자로 이어졌다. 디스플레이에서만큼은 반도체와 같은 아픔을 겪지 않겠다는 그룹 경영진의 의지가 모인 결과였다. 그리고 이는 일본과 대만 등의 경쟁자를 줄줄이 꺾고 LG디스플레이가 10년 이상 세계 디스플레이 시장의 최강자로 군림하는 결과로 이어졌다.

오랫동안 공들여 일궈놓은 무언가를 포기한다는 것은 사람에게든 기업에든 쉽지 않다. 손에서 놓기를 망설이다 파국을 맞은 뒤에야 실패를 인정하곤 한다. 하지만 막상 포기하고 조금 물러나서 생각하면 과거에 부여했던 만큼의 큰 의미를 지닌 일이 아니었던 경우가 많다. 그것을 포기해야 새로 개척할 길이 보인다.

책임을 다할 때 위기가 끝난다

LG카드의 몰락

2004년, 구본무 회장은 자신이 가진 LG의 모든 주식을 담보로 내놓을 수 있다는 입장을 밝혔다. 그룹 총수가 지주사 지분을 모두 내놓겠다는 것은 경영에서 물러날 수도 있다는 의미였다. 구본무 회장은 왜 이런 결단을 한 것일까. LG 카드 사태가 촉발한 사회적·경제적 파장에 책임을 지겠다는 뜻이었다. LG의 이미지에 타격을 줄 뻔한 사건은 회장이 먼저 책임을 지고 나선 덕에 일단락될 수 있었다.

LG에서 금융은 전자, 화학과 함께 주요 사업이었다. 증권 업계 1위 LG투자증권과 LG화재보험, LG카드를 거느리고 있었다. 1991년 계열사이던 금성투자금융이 한성투자금융과 합병해 만들어진 보람은행에도 9% 안팎의 지분이 있었다. 보람은행은 한성투자금융의 최대 주주였던 두산, 코오롱과 LG가 번갈아 가며 이사회 의장을 맡았기 때문에 어느 정도 경영권을 행사하기도 했다.

LG가 카드업에 처음 진출한 것은 1988년 코리아익스프레스를 인수하면서다. 하지만 이후 10년간은 특별한 개성 없이 현상 유지만 하는 카드 업체 중 하나였다. 은행 영업망을 장악한 BC카드의 벽을 넘기가 쉽지 않았지만 정부가 신규 사업자의 카드 시장 진입을 막고 있어 큰 노력 없이도 일정 정도의 수익은 올릴 수 있었기 때문이다.

1998년 IMF 외환위기가 전환점이 됐다. 경기 활성화를 위해 정부가 카드 사용을 늘릴 다양한 정책을 내놓은 것이다. 1998년에는 상법상 예외가 적용돼 카드사는 자기자본의 10배까지 차입이 가능해졌다. 1999년에는 카드 사용 금액에 소득공제가 적용됐고 현금 서비스 한도도 철폐됐다. 본격적인 고객 유치 경쟁이 시작되면서 LG카드도 여기에 뛰어들었다.

LG카드에는 새 CEO가 취임했다. 1975년 LG화학에 입사해 1987년 LG 회장실 이사로 승진하면서 10년간 그룹 핵심에서 일한 이헌출 사장이었다. 그는 단기간에 LG카드를 크게 성장시켰다. "삼성카드의 80% 정도 실적만 내면 된다"●라는 무사안일주의에 빠져 있던 조직 분위기를 쇄신해 1993년 8.5%에 불과했던 시장점유율을 1999년 15.5%로 올려놨다. 삼성카드와 국민카드를 넘어선 것이다. 2001년에는 22.1%에 달했고 사업 규모에서 BC카드를 꺾고 1위를 차지했다. 아무리 시장 재편기라고 하지만 3년 만에 이처럼 극적인 성장을 이룬 기업은 찾아보기 힘들다.

LG카드는 20~30대 여성을 적극적으로 공략했다. 소비 성향은 높지만 소득이 많지 않아 현금이 없어도 물건을 구매할 수 있는 신용카드에 강한 매력을 느끼는 고객군이었다. 빈약한 소득 때문에 리스크관리가 어렵다는 이유로 은행권 카드사들이 영업을 꺼리는 고객군이기도 했다. LG카드는 이들을 대상으로 대대적인 마케팅을 펼쳤다. '내게 힘

● 최승년 · 이웅희, 《LG카드의 성장과 몰락》

을 주는 나의 LG카드야'라는 로고송과 함께 영화배우 이영애가 화려한 소비 생활을 즐기는 TV 광고가 2001년을 휩쓸었다. 단순히 카드 판매를 넘어 현금 서비스 한도까지 적극적으로 상향하며 고객을 끌어들였다.

이헌출 사장은 거침이 없었다. 직원들에게 과감하게 권한을 주고 파격적인 성과급을 지급했다. LG카드의 평균 연봉은 1억 원이 넘어 구직자들에게도 높은 인기를 끌었다.•

2002년 3월에는 과당 경쟁으로 일시 영업정지를 맞기도 했다. 이를 계기로 내실 경영을 선언했지만 그해 하반기부터 시작된 경기 하락과 함께 한계가 찾아왔다. 경기가 꺾이면 소득이 적은 이들부터 벼랑에 몰린다. 상대적으로 소득이 취약한 이들을 중심으로 공격적인 영업을 펼쳤던 LG카드는 직격탄을 맞았다.

1개월 이상 카드값을 내지 못한 연체자의 비율이 급상승했다. LG카드의 연체율은 2002년 말 14.4%에서 2003년 말에는 33.3%까지 치솟았다. 같은 기간 BC카드는 7.9%와 12.6%였다. 대규모 연체는 물론 현금 서비스 관련 부실까

• 백원선, 《LG카드의 유동성 위기 사례분석》

지 손실로 잡혀 2003년 LG카드의 영업손실은 5조 5988억 원에 이르렀다. 같은 해 다른 카드사들의 영업손실을 합친 것보다 더 많았으며, 1999년부터 2002년까지 4년 동안의 수익 1조 5000억 원의 4배에 달했다.

LG카드는 결국 2003년 11월 부도 위기에 몰렸다. 카드사들에 대한 금리가 상승하면서 다른 카드사들까지 위험에 빠진 '카드 사태'가 촉발된 것이다. 은행권 카드사들은 모회사와 합병하고, 삼성카드는 삼성생명에서 자금을 지원받으며 위기를 넘겼다. 하지만 부실 규모가 컸던 LG카드는 회생이 어려웠다.

산업은행을 필두로 한 채권단이 관리에 들어갔다. 사업 정상화를 위한 자금을 조달하고자 LG투자증권도 매각했다. 2004년 1월 구본무 회장은 LG카드에 추가 자금 지원이 필요할 경우 자신이 가진 LG 지분 전체인 5.46%를 채권단에 넘기겠다고 약속했다. 다행히 추가 부실이 나타나지 않아 실행되지는 않았지만 자칫하면 본인의 주식 한 주 없이 친인척의 지분에 의존해 LG를 이끌어야 할 수도 있는 위기였다.

이런 출혈을 감당했지만 2006년 채권단이 LG카드를 신한금융그룹에 매각하면서 카드 사업은 물론 금융 사업과의 인연을 끊어야 했다. 이는 LG에 깊은 상처를 남겼다.

시대의 저편으로 사라지다

LG의 금융 사업은 역사가 길다. 호남정유를 설립하면서 석유의 해상 운송이 필요해졌고 그에 따른 리스크를 자체적으로 감당하기 위해 1970년 보험회사를 인수했다. LG화재보험의 모태인 범한해상화재다.

기업공개촉진법으로 상장사가 크게 늘어나고 증권 시장이 활성화되던 1973년에는 국제증권을 인수하며 증권업에 진출했다. 이 증권사를 통해 1970년대에 계열사를 잇달아 상장시키며 성장을 위한 자금을 마련했다.

1982년에는 단자회사인 금성투자금융을 세웠다. 단자회사는 기업 단기어음을 주력으로 하는 금융사다. 같은 해 정부의 설립 자유화 조치로 단자회사가 우후죽순으로 생겨났다. 1990년대 들어 정부가 다시 단자회사를 줄이자, 금성투자금융은 코오롱과 두산이 합작해 세운 한양투자금융과 합처져 1991년 보람은행이 됐다. 3개 회사가 8~9%씩 지분을 나눠 갖고 있어 은행 이사회 의장을 총수들이 돌아가며 맡았다. 2000년에는 럭키생명이라는 회사도 있었다.

이처럼 금융 사업에 적극적으로 나섰던 데는 여러 가지 이유가 있다. 우선 국내 금융업은 발전 속도가 더뎠다. 1969년 호남정유 공장을 준공했을 때 정유 사업에 걸맞은 대규모 화재보험을 제대로 취급할 만한 업체가 없었다. 기존 보험사를 인수해 성장시켜 스스로 인프라를 구축해야 했다. 1973년 증권업에 진출한 것도 비슷한 이유였다. 은행을 비롯해 금융업 대부분을 정부가 손아귀에 쥐고 있었다. 여기서 벗어나 어느 정도 자유를 누리기 위해서라도 금융 사업을 전개할 필요가 있었다. 내부에 금융 계열사를 중심으로 자금 조달 통로를 만들어 일시적인 자금 경색을 극복하는 것이다.●

하지만 민주화 이후 사회가 투명해지고 금융업이 발전하면서 사회적 비판이 거세졌다. 특히 단자회사는 단기어음 거래에서 발생하는 유동성을 바탕으로 재벌들의 자금줄 역

● 최진배, 〈한국 재벌의 금융 산업 지배에 관한 연구〉

할을 한다는 비판을 받았다. 생명보험사와 증권사가 대출과 회사채 인수를 통해 계열사를 지원한다는 지적도 있었다. 실제로 1989년 조사에 따르면 LG증권이 소유한 LG그룹 계열사의 회사채는 23.9%에 이르렀다.*

결국 1999년부터 2004년까지 불과 5년 사이에 LG의 금융 사업은 모두 정리됐다. 1999년 계열분리 과정에서 LG화재가 창업회장의 동생 구철회 일가를 중심으로 떨어져 나갔다. 보람은행은 외환위기 이후 은행 구조조정 과정에서 하나은행에 합병됐다. 2004년에는 LG카드와 LG투자증권이 매각됐다.

금융 사업 정리는 '자의 반 타의 반'이라는 말이 꼭 들어맞는다. 계열분리를 통한 보험 사업 정리는 자의였지만, 카드 사태 와중에 사라진 카드업과 증권업은 타의였다. 그러나 시대의 흐름에 따른 자연스러운 결과이기도 했다. 2000년대 들어 금융이 선진화되고 해외에도 개방되면서 높은 기술력을 가진 기업들은 자금을 조달할 창구가 다양해졌다. 금융 시장이 투명해지면서 금융사가 다른 계열사를 지원하

● 강철규, 《재벌, 성장의 주역인가 탐욕의 화신인가》

는 것도 불가능해졌다. LG 같은 대기업이 금융업을 영위해야 할 필요성이 사라진 것이다.

손해 보기 싫어하고 가진 것을 내놓지 않으려 하는 것은 인간의 본성이다. 큰 조직을 이끌며 중요한 결정을 하는 이들도 자신의 이익과 연관된 작은 결정 하나를 하지 못해 더 큰 것을 잃는 경우가 많다. 본인이나 가족의 잘못으로 사회적 비판에 직면한 재벌 총수들은 필요한 시기에 제대로 책임지지 못해 기업에 더 큰 손해를 끼친다.

카드 사태를 맞아 본인이 소유한 회사 주식 전체를 내놓겠다고 했던 구본무 회장의 결단 역시 쉽지는 않았을 것이다. 금융업 정리는 LG에 상처를 남겼지만, 실패에 책임지고 사회적으로 비판받는 사업은 과감히 접는다는 선례가 됐다.

현실이 장밋빛 전망과 다를 때

공격에서 방어로

1996년 6월 10일 저녁, 여의도 LG트윈타워 지하 1층은 웃음소리로 떠들썩했다. 구본무 회장과 일선에서 물러난 구자경 명예회장이 주요 계열사 경영진과 함께 건배를 외쳤다. 이날은 매우 특별한 날이었다. 정보통신부가 새로운 PCS(개인휴대통신) 사업자로 LG텔레콤(현 LG유플러스)과 한솔PCS를 선정한 것이다. LG가 처음으로 통신 사업에 발을 디디는 순간이었다.

취임 1년 만에 새로운 사업에 진출하는 데 성공한 구본무 회장은 맥주잔을 들고 환하게 웃었다. PCS 사업권은 황금알을 낳는 거위나 마찬가지였다. 제한된 사업자에게만 통신 주파수를 부여하기 때문이다. 한번 선정되면 경쟁 압력이 낮은 시장에서 장기간 수익을 올릴 수 있었다. 게다가 막 꽃을 피우기 시작한 이동통신 시장은 놀라운 속도로 성장 중이었다.

곧 '1인 1휴대폰' 시대가 오리라는 전망은 허상이 아니었다. 정부는 2005년까지 이동통신 가입자가 1000만 명에 이를 것으로 예상했다. 그런데 1998년에 이미 1000만 명을 돌파했고, 2000년에는 2700만 명까지 불어났다.

LG는 다른 통신사에 비해 시너지가 상당할 것으로 예상됐다. 아래로는 휴대폰 단말기와 단말기에 들어가는 소프트웨어, 위로는 통신장비까지 수직계열화가 가능하기 때문이다. 특히 단말기보다는 통신장비와의 시너지가 기대됐다. 소비자의 선택이 중요한 단말기와 달리 통신장비는 통신사가 결정할 수 있기 때문이다.

1964년 한국 최초의 자동 전화교환기를 내놓으며 통신장비 시장에 진출한 LG는 국내 최고의 기술력을 갖추고 있었다. 통신장비를 제조하던 LG 정보통신에서 좋은 장비를 합리적인 가격에 공급받을 수 있다는 점은 사업자 선정 과정에서 LG 텔레콤 스스로 강조한 장점이었다.

사업자로 선정되면 국내 시장을 확보하고 이를 바탕으로 해외 시장에도 진출할 수 있었다. 통신장비를 생산하던 삼성과 현대 역시 탐나지 않을 수 없는 기회였다. 삼성과 현대는 두 회사의 관계로 볼 때 유례없는 컨소시엄까지 구성하며 사업권 따내기에 열을 올렸다. 그런데 LG가 삼성과 현대를 물리치고 사업자로 선정된 것이다.

장밋빛 전망 속에 LG는 통신 사업을 시작했다. 하지만 시장은 예상과 다르게 흘러갔다. 우선 수익이 기대치를 크게 밑돌았다. 이미 이동통신 시장에는 한국이동통신(현 SK텔레콤)과 신세기통신이 진출해 있었다. 여기에 LG 텔레콤과 한솔PCS, 한국통신(현 KT)의 자회사인 한국통신프리텔까지 가세하면서 5파전이 펼쳐졌다.

더 많은 가입자를 유치하기 위해 출혈경쟁이 벌어졌다. 더 낮은 요금제를 내놓았고 단말기에 막대한 보조금을 쏟아부었다. 1998년에는 이동통신 5개사의 보조금이 전체 매출의 65%에 이르렀다. 한 통신사는 매출보다 더 많은 돈을 보조금으로 사용하기도 했다. 돈을 벌 수 없는 구조였지만, 경쟁자를 이기고 시장을 장악하기만 하면 막대한 수익을 거둘 수 있다는 게 빤히 보였기에 한 선택이었다.

결국 1999년과 2000년 사이에 SK텔레콤이 신세기통신을, 한국통신프리텔이 한솔PCS를 인수하며 이동통신 사업자는 3개로 줄었다. LG텔레콤은 한국통신프리텔보다 먼저 한솔PCS에 인수 제안을 했고 인수계약 조건까지 합의했지만 막바지에 틀어졌다. 공동 인수에 나섰던 영국 통신사 BT가 자금을 대지 못했기 때문이다. 외환위기 직후라 LG에는 가용 자금이 많지 않았다. 자력으로 BT의 빈자리를 메울 수 없었다.

이로 인해 국내 통신 시장에는 SK텔레콤 50%, KT 30%, LG유플러스 20%의 점유율 구도가 생겨났다. 이 구도는 오랫동안 이어졌다. 좀처럼 3위를 벗어나지 못한 채 LG유플러스는 10년 이상 이렇다 할 수익을 내지 못했다. 한 나라에 1~2개면 충분한 통신사가 3개나 있을 필요가 없다는 소리도 나왔다. 그때마다 LG유플러스는 정리돼야 할 업체로 제일 먼저 꼽혔다.

통신장비업 역시 기대와 다르게 흘러갔다. LG유플러스

수요만으로는 시장이 충분치 않았다. SK텔레콤과 KT는 자사 관계사나 LG의 경쟁사들에 통신장비를 발주했다. LG유플러스 입장에서도 LG정보통신사 제품만 고집하기는 어려웠다. 시장을 충분히 확보하지 못한 터에 고도화되는 통신기술에 맞춰 신규 통신장비를 개발하기 위해 투자를 하는 것도 한계가 있었다.

결국 LG정보통신은 2000년 LG전자에 흡수됐다. 2012년에는 LG전자도 통신장비 사업을 정리했다. LG는 48년 만에 통신장비 사업에서 완전히 철수했다. 1996년 PCS 사업권을 따내는 데 패배한 삼성이 지금까지 통신장비 사업을 지속하고 있는 점을 생각하면 아이러니한 결과다.

방어에서 다시 공격으로

통신 산업은 규모의 경제가 작동하는 영역이다. 기업 규모가 클수록 비용이 줄어 수익이 늘어난다. 통신 서비스를 하는 데 필요한 시설과 유지보수에 들어가는 비용은 어느 업체나 비슷하다. 그러니 고객이 많을수록 서비스 한 건당 들어가는 비용이 줄어든다. 경쟁 업체보다 고객이 적은 LG유플러스로서는 힘겨운 싸움일 수밖에 없었다.

여기에 휴대폰 데이터 서비스에서도 고전을 면치 못했다. 2003년부터 본격화된 데이터 서비스에서 WCDMA(비동기식 3세대 이동통신)를 채택한 SK텔레콤이나 KT와 달리 LG유플러스는 기존 CDMA(코드분할 다중접속 방식)를 업그레이드한 동기식을 채택했다. 기술이 어떤 방향으로 흘러갈지 모르니 동기식과 비동기식 모두에 사업자를 배치하려는 정부의 통신 정책 때문이었다.

LG유플러스의 동기식 CDMA는 WCDMA보다 데이터 전송 속도가 확연히 느렸다. 미국 등 해외에서 제조한 휴대폰으로는 사용 자체가 불가능했다. 게다가 2007년 애플이 아이폰을 출시하면서 시장의 흐름이 피처폰에서 스마트폰으로 넘어갔다. 그런데 LG유플러스 통신망으로는 아이폰을 이용할 수 없었다.

스마트폰에서 데이터를 사용하는 빈도가 늘면서 LG유플러스의 동기식 CDMA의 약점은 더 크게 드러났다. 결국 동기식 CDMA 사업권을 정부에 반납했고, LG유플러스는 이후 5년간 3세대 이동통신 서비스를 하지 못했다.

이는 고스란히 실적으로 이어졌다. 2008년 SK텔레콤의 매출은 11조 6746억 원, 영업이익은 2조 598억 원이었다. 아이폰을 가장 먼저 도입한 KT도 매출 11조 7848억 원에 영업이익 1조 1133억 원의 실적을 올렸다. LG유플러스는 매출 4조 7979억 원, 영업이익 3790억 원에 그쳤다. 3등의 설움은 뼈아팠다.

하지만 때를 기다리며 역전을 준비했다. 3세대 이동통신 서비스를 하지 못해 겪은 위기를 4세대 이동통신 LTE로 극복하기 위해 최선을 다했다. 2011년 LG유플러스는 가장 먼저 LTE 서비스를 시작했다. 사흘 뒤 이상철 LG유플러스 부회장은 직원들에게 편지를 썼다.

"대망의 LTE 시대가 열렸습니다. 오랫동안 겪어왔던 좌절로부터 단절하고 만년 3위로부터 단절합시다. 이제 설움의 과거를 씻고 우리 모두 손잡고 일어나 밝은 미래로 나아갑시다."

SK텔레콤도 곧 LTE를 도입했지만 LG유플러스보다 훨씬 적은 지역에서 서비스가 가능했고, KT는 이듬해에야 LTE 서비스를 시작했다.

2012년 LG유플러스는 세계 최초로 LTE 전국 서비스에 성공했다. 주파수 가용 폭이 다른 업체보다 넓었고, 중국 화웨이의 장비를 도입해 비용을 줄였다. 무엇보다 3위 탈출을 위한 직원들의 노력이 큰 역할을 했다. 75개의 섬까지 LTE 서비스가 촘촘히 연결되도록 직원들은 6만 5000곳에 소형 기지국을 세웠다. 군사 지역에 기지국을 세울 때는 경계병의 총구가 가슴을 겨눌 때도 있었고, 한겨울에는 눈을 치워가며 작업하기도 했다.

SK텔레콤과 KT는 LG유플러스가 전국 서비스에 성공한 다음 달에야 84개 시 지역에 LTE 서비스를 시작했다. LG유플러스의 사업 속도는 따라잡기 힘들 만큼 빨랐다. 위기를 극복하기 위해 모두가 똘똘 뭉친 결과였다.

마침내 반전이 일어났다. 2011년부터 시행된 번호이동 제도를 통해 다른 통신사 가입자를 대거 뺏어 오는 데 성공한 것이다. 보조금 경쟁을 이유로 통신 3사에 영업정지 명령이 내려진 2013년 1월까지 14개월 동안 LG유플러스는 가장 많은 가입자를 경쟁사에서 데려온 통신사였다. 이때 새로 유치한 가입자가 50만 명에 달했다.

2017년에는 무약정 요금제를 도입하고 넷플릭스, 유튜브와 제휴를 맺었다. 2018년에는 KT의 시가총액을 처음으로 넘어섰다. LG유플러스가 상장되던 2000년에 KT의 시가 총액이 LG유플러스의 31배가 넘었던 점을 생각하면 실로 엄청난 반전이다.

LG유플러스는 LTE라는 기회를 재빨리 잡아챘다. 때를 기다리며 역량을 축적했기에 가능한 일이었다. 그리고 기회가 오자 만년 3위의 설움을 벗어나기 위해 한마음으로 뛰었다. 포기하지 않고 버티었고, 그 버팀은 체념이 아니라 다음을 위한 준비였다.

어려울수록 기본으로 돌아가라

아이폰은 틈새 상품?

"작년 6월에 애플에서 내놓은 아이폰이 출시 75일 만에 100만 대가 팔렸다면서요?"

2008년 새해를 맞아 인화원에서 열린 회장단 회의에서 한 경영진이 아이폰에 관심을 표했다. 그러자 LG전자 임원이 말했다.

"초콜릿폰과 아이폰의 판매량 차이를 보십시오."

경영진은 고개를 끄덕였다. 그럴 만도 했다. 당시 한국에서는 아이폰을 써본 사람이 없었다. 하지만 초콜릿폰은 1000만 대가 넘게 팔리며 선풍적인 인기를 끌고 있었다. 아이폰 열풍이 대단해 보이긴 했지만 LG전자엔 초콜릿폰이라는 더 강력한 무기가 있었다. LG전자는 아이폰을 틈새 상품 정도로만 인식했다.

이런 믿음에는 나름의 근거가 있었다. LG전자의 핵심 고객사였던 미국 최대 통신사 버라이즌이 '아이폰도 여러 휴대폰 중 하나에 불과하다'는 입장을 고수했던 것이다. 당시 애플은 AT&T에만 아이폰을 공급했다. 미국 최대 통신사 버라이즌이 물밑에서 애플과 구매 협상을 진행하고 있었지만, 쉽지 않았다. 자존심이 상한 버라이즌이 시장에 아이폰을 '과소평가'하는 발언을 흘린 것으로 추정된다.

LG전자는 이를 전적으로 믿었다. 버라이즌은 LG전자 영업이익의 상당수를 차지하는 주요 고객이었기 때문이다. 초콜릿폰의 세계적인 '대흥행'도 버라이즌의 영향이 컸다. 2006년 LG전자와 버라이즌은 초콜릿폰 출시를 앞두고 미국에서 대대적인 마케팅을 진행했다. 마케팅 비용을 너무 많이 지출하는 것 아니냐는 기자들의 질문에 당시 MC 사업본부 북미법인장이던 조준호 부사장은 이렇게 답했다.

"초콜릿폰 판촉 활동은 버라이즌의 예산으로 진행하고 있어요. 버라이즌은 초콜릿폰에 큰 애정을 보이고 있습니다. 모토로라의 히트상품인 레이저폰에 필적할 모델로 초콜릿폰을 선정했고, 직영 매장에 초콜릿폰 전용 디스플레이 공간을 마련했습니다. 버라이즌으로서는 처음 있는 일입니다."

이동통신사의 권한이 막강한 미국 시장에서 초콜릿폰이 고속 성장할 수 있었던 배경이다. 초콜릿폰에 이어 샤인폰, 프라다폰이 연달아 히트하며 북미 시장에서 LG전자는 시장점유율 2위까지 올라갔다. 이 일이 LG전자에서는 '초콜릿폰 신화'로 불리는데, 조준호 부사장이 버라이즌과 끈끈한 관계를 유지한 덕분이었다.

휴대폰 사업은 승승장구했다. 2006년 8조 9577억 원이던 매출과 1818억 원이던 영업이익이 점점 높아져 2009년에는 매출 15조 5480억 원, 영업이익 1조 1279억 원까지 치솟았다. 2009년 시장점유율은 노키아와 삼성전자에 이어 세계 3위였다. 아시아와 미국을 넘어 유럽까지 시장이 확대되면서 '1강 2중' 구도를 이뤘다.

당시 LG전자의 전략은 크게 두 가지였다. 첫 번째로 마케팅 강화다. 피처폰 기술에서 제조사 간의 격차는 거의 사라졌다는 인식을 바탕으로 기획과 마케팅에 공을 들였다. 명품 브랜드 프라다와 제휴하고 인기 아이돌 그룹 소녀시대가 등장하는 CF로 고객의 눈길을 잡아끌었다.

두 번째는 글로벌화다. 세계 시장에서 성공적인 마케팅 활동을 하려면 LG전자 스스로 글로벌 기업에 걸맞은 문화를 가져야 한다고 판단했다. LG전자 남용 부회장은 고위 임원진에 외국인을 대거 영입하고 회의나 서류 작성 등 업무에 영어를 사용하게 했다.

피처폰의 판매 실적은 대단했다. 법인을 분리해야 하는 것 아니냐는 얘기가 나올 정도였다. 그렇다고 마냥 피처폰만 쳐다보고 있었던 것은 아니다. 안승권 MC 사업본부장(부사장)이 2008년 8월에 〈매일경제신문〉과 인터뷰한 내용을 보자.

"전체 휴대폰 시장은 9% 성장하는 데 비해 스마트폰은 29%의 성장을 보이고 있습니다. 아이폰을 더는 틈새 상품으로 볼 수 없어요. LG전자도 곧 스마트폰을 출시해 시장에 적극적으로 뛰어들 예정입니다."

그의 말대로 2008년 11월 첫 스마트폰 인사이트가 북미에 출시됐다. 하지만 피처폰 의존도는 여전히 높았다. 이동통신사들의 요구 때문이었다. 2009년까지 주력 상품으로 프리미엄 피처폰인 뉴초콜릿, 프라다폰 2, MAXX를 내놓으며 이동통신사들의 요구에 응했다.

오랜 시간 전략 상품을 준비해 물량 공세를 펼쳐야 하는 스마트폰과 달리 피처폰은 이동통신사가 주문하는 대로 그때그때 물량을 조절할 수 있었다. 세계 각지의 영업 부서에서 만들어달라는 대로 제품을 만들기 위해서는 적지 않은 인력이 필요했다. 스마트폰 쪽에 인력을 몰아주기가 힘들었다. 스마트폰이 얼마나 빠른 속도로 성장할지 모르는 상황에서 피처폰 인력을 빼 올 수는 없었다.

하지만 잘못된 방향으로 가고 있다는 생각을 떨칠 수가 없었다. 남용 부회장은 워싱턴DC에서 열린 특별 강연에서 노키아보다 애플이 최대 경쟁자라고 말했다. MC 사업본부 내에 스마트폰(SP) 사업부도 신설했다. MC연구소 내의 각 팀에 흩어져 있던 연구개발 인력도 SP 개발실 한 군데로 통합했다. 당시 이미 북미 시장에서 애플의 아이폰과 림의 블랙베리에 밀리고 있었다.

맥킨지 컨설팅은 잘못되지 않았다

2008년 가을 남용 부회장은 컨설팅 업체 맥킨지와 스마트
폰 관련 프로젝트를 진행했다. 당시 맥킨지가 '스마트폰 대
신 잘하는 피처폰에 집중하라'고 컨설팅을 한 것으로 알려
져 있지만, 이는 사실이 아니다. 이미 모두가 2009년이 되
면 세계 휴대폰 사업의 키워드가 '스마트폰'이 될 것으로 전
망하고 있는 상황이었다. 스마트폰은 비전이 없다고 말하는
사람은 바보 취급을 받았다. 당시 삼성전자의 스마트폰 전
략을 컨설팅하기도 했던 맥킨지가 LG전자에만 스마트폰을
포기하라는 컨설팅을 할 이유가 없었다.

당시 맥킨지의 프로젝트는 오히려 어떻게 하면 스마트폰
사업을 빠르게 성장시킬 것인가에 대한 것이었다. 구체적으
로는 어떤 '스마트폰 운영체제(OS)'를 선택할지에 대한 분
석이었다. 아이폰발 스마트폰 시대를 준비해야 한다는 데는
이견이 없는데, 그 방향성이 모호했기 때문이다. 당시 스마
트폰 운영체제는 애플 iOS, 구글 안드로이드 외에도 마이크
로소프트(MS)의 윈도모바일, 노키아의 심비안, 림의 블랙베
리 OS, 리눅스 진영의 리모 등이 난립하고 있었다.

지금은 iOS와 안드로이드가 양강 구도로 자리 잡았지만 당시만 해도 누가 승자가 될지 장담할 수 없었다. 2018년 에릭 슈밋 전 구글 CEO는 이렇게 회고했다.

"지금 시점에서는 믿기 힘들겠지만 구글 안드로이드 프로젝트를 준비할 때 우리는 마이크로소프트의 모바일 전략이 성공할까 봐 매우 우려했습니다. 심비안이라는 운영체제를 갖고 있는 노키아도 경계했어요."

구글조차도 자신의 운영체제가 시장을 선점할 것이라는 확신이 없었다는 의미다.

선택지가 너무나 많았기에 혼란이 컸다. 당시 LG전자 개발 인력은 이들 선택지를 모두 검토하고 있었다. 당연히 인력은 부족했고, 개발은 더뎠다. 맥킨지는 선택과 집중이 필요하다고 조언했다. MS와 구글의 운영체제에 집중하라는 얘기였다.

이미 삼성전자는 이들을 선택해 투 트랙 전략을 펴고 있었다. 하나가 실패하면 다른 쪽을 선택할 계획이었던 것이다. 처음에는 MS가 주도권을 잡는 듯했다. 2008년 11월 삼성전자가 MS의 윈도모바일을 탑재한 'T옴니아'를 출시했다. MS CEO 스티브 발머가 출시 행사에 참석할 정도로 하드웨어 업체를 사로잡으려는 운영체제 업체들의 구애 작전은 상당했다. 남용 LG전자 부회장도 이때 한국을 찾은 스티브 발머와 따로 만나 스마트폰 연구개발 및 마케팅 협력을 위해 MOU를 체결했다.

하지만 LG전자는 그 후에도 상당 시간 운영체제를 결정하지 못한 채 갈팡질팡했다. 2008년 12월 안승권 MC 사업본부장은 이렇게 말했다.

"윈도모바일, 리눅스, 심비안, 안드로이드 등 대부분의 운영체제 시장에 진출해서 10여 종의 신제품을 내놓을 계획입니다."

그리고 2009년 2월에는 LG전자도 삼성전자를 따라 MS에 집중하기로 했다. LG전자는 MS와 계약을 맺고 2012년까지 윈도모바일 체제를 적용한 제품을 50종 이상 선보이겠다고 발표했다. 그러나 삼성전자에 비해 출발이 늦은 상황이었다. 버라이즌 CEO조차 LG전자의 스마트폰 대응 속도가 너무 느리다며 우려했다.

2010년이 되어서야 LG전자는 방향을 틀어 구글 안드로이드 운영체제에 집중하기로 결정했다. 삼성전자와 비교할 때 매번 판단이 반 박자씩 늦었다. 남용 부회장은 LG전자의 스마트폰 주력 운영체제는 안드로이드라고 밝혔다.

"올해는 애플의 아이폰과 같은 제품을 만드는 것이 목표입니다. 스마트폰 시대가 오면 우리가 강점을 보이는 제품은 설 땅을 잃어버리고 맙니다. 앞으로 저가폰과 스마트폰으로 시장이 양극화될 수 있고, 올해 잘못하면 우리는 낙오자가 될 수 있습니다."

그의 말에 위기감이 담겨 있었다.

스마트폰 잔혹사

한편 삼성전자는 다가올 안드로이드 시대를 조용히 준비하고 있었다. 2009년 출시한 MS 윈도모바일 기반의 옴니아2가 실패하자, 곧바로 구글 안드로이드로 방향을 틀었다. 2010년 6월 안드로이드 기반의 갤럭시S를 출시하며 시장의 판도를 뒤집을 수 있었던 배경이다.

LG전자도 2010년 6월 안드로이드 기반의 옵티머스를 출시했다. 그러나 같은 시기에 나온 갤럭시S가 시장의 판도를 뒤집은 것과 달리 철저하게 외면당했다. 터치폰이 아닌 쿼

티폰이었고, 소프트웨어에 신경 쓸 여력이 부족해 운영체제 업그레이드 문제를 해결하는 데 소홀했다. 소비자들로부터 신뢰를 잃었다.

2010년 2분기 MC 사업본부는 1196억 원의 손실을 냈다. 이른바 '스마트폰 쇼크'다. 스마트폰 쇼크는 2010년대 LG에 최악의 위기로 생채기를 남겼다. 단순히 실적의 문제만이 아니었다. 초콜릿폰의 성공을 이뤄내며 높은 평가를 받았던 각종 경영 기법이 부정됐다. 삼성전자와 애플 등 선발 주자를 따라잡기 위해 어떤 전략을 세워야 할지도 알 수 없었다. MC 사업본부, 나아가 LG전자 전체가 매각될 수 있다는 흉흉한 소문이 돌았다.

악재는 이어졌다. 끈끈한 관계를 유지하던 버라이즌과의 관계가 흔들리기 시작했다. 버라이즌에서도 아이폰을 출시한 것이다. 버라이즌은 아이폰에 마케팅 역량을 집중하는 반면 오랜 고객인 LG전자에는 가격 인하를 요구했다.

남용 부회장은 마지막까지 역전을 노렸다. 소프트웨어를 잘 아는 인재를 대거 영입하면 승산이 있다고 판단했다. 첫 토종 운영체제인 '티맥스윈도'를 개발한 티맥스소프트의 핵심 계열사 티맥스코어 인수를 추진했다. 국내에 있는 우수한 소프트웨어 인력을 대거 수혈할 수 있는 절호의 기회라고 여겼다. 하지만 인수는 불발됐다. 결국 2010년 6월 삼성SDS가 티맥스코어를 200억 원에 인수했다.

남용 부회장은 실적 악화에 책임을 지고 2010년 9월 스스로 사퇴했다. 2년 연속 사상 최고 실적을 올려 LG전자 CEO를 연임하게 된 지 9개월 만이었다. 2010년 MC 사업본부의 적자는 1분기 286억 원, 2분기 1192억 원, 3분기 3029억 원, 4분기 2605억 원이었다.

LG전자가 스마트폰 대응에 실패한 원인에는 여러 가지가 있다. LG전자의 경영 전략 차원에서 보면 '판단 착오'가 컸다. LG전자 관계자가 이렇게 말한 적이 있다.

"아이폰 구매 고객들을 조사하면 스마트폰이라서가 아니라 '아이폰'이기 때문에 샀다는 응답이 많다. 국내 스마트폰 시장이 열렸다고 판단할 상황은 아니다."●

이는 기능상으로는 다른 MP3와 큰 차이가 없었지만 혁신적인 디자인을 통해 시장을 평정했던 애플의 아이팟에 대한 분석의 연장선이었다. 이처럼 판단했다면 LG전자 경

● 〈프레시안〉, 2009년 12월 9일

영진 입장에서 스마트폰이냐 피처폰이냐는 그다지 중요한 문제가 아니다. 애플의 높은 브랜드 가치를 쫓아가는 것이 우선 과제가 된다. 마케팅을 중심으로 한 기존의 전략을 강화해야 하는 것이다.

애초에 마케팅에 집중한 이유가 제조사 간에 기술적인 차이가 희미해졌다고 여겼기 때문인데, 스마트폰 시대에는 이 전제가 깨지기 시작했다. 피처폰보다 다양한 기능이 있는 스마트폰은 훨씬 더 복잡한 설계 위에 다양한 부품이 탑재된다. 하드웨어뿐 아니라 높은 소프트웨어 기술력까지 더해져야 부드럽게 구동될 수 있다. 피처폰 시대를 평정했던 노키아를 필두로 모토로라와 소니에릭슨이 힘을 쓰지 못하게 된 이유다. 마케팅만으로는 채울 수 없을 정도로 업체 간 기술력의 차이가 컸던 것이다.

마케팅 강화와 함께 빠르게 추진된 글로벌화도 시장 변화에 대응하는 속도를 늦춘 요인이다. 조직 책임을 맡는 외국인이 늘면서 회의가 영어로 진행됐기 때문에 영어 회의가 끝난 후에는 한국 직원들끼리 모여 회의 내용을 확인하는 회의를 다시 열기도 했다. 각종 업무 지시도 받아들이기 어려워했다. 당시 유럽 법인에서 근무했던 한 직원은 이렇게 말했다.

"매일 30분 단위로 근무 스케줄을 짜라는 지시가 떨어졌는데, 일을 하다 보면 지킬 수도 없는 스케줄을 매일 작성하느라 생기는 비효율이 만만치 않았습니다."

'글로벌 마케팅 컴퍼니'를 추구하는 과정에서 영입된 만큼 외국인 임원들이 기술 개발보다는 브랜드와 마케팅을 강조했다는 평가도 있다. 부장급으로 일했던 한 관계자의 말을 들어보자.

"비용 지출과 투자, 인사 같은 회사의 젖줄을 쥐고 있는 외국인 최고 임원과 현장에서 뛰는 직원들 간에 거리감이 커지면서 LG전자의 강점 중 하나였던 유기적 시너지가 점점 약해졌던 것 같습니다."●

LG그룹 차원에서 보면 구조적인 문제들이 드러난다. 첫째, 정도경영과 인화를 중시하고 꾸준히 진행하는 사업에 강점이 있으며 판단을 신중히 하는 LG의 문화가 스마트폰이라는 빠른 변화 앞에서는 힘을 쓰지 못했다. 아이폰이 가져올 변화를 기민하게 파악하고 대대적인 투자를 진행해야

● 〈조선일보〉, 2010년 12월 25일

했지만 그러지 못했다. LG는 오랜 기간의 꾸준한 연구개발을 통해 성장할 수 있는 산업에 강점을 가진 그룹이다. 배터리와 모터, 디스플레이 기술이 대표적이다. 국내 최초로 6시그마를 도입한 기업답게 오퍼레이션 능력도 뛰어나다. 하지만 끈질기고 꾸준한 대신 빠른 변화에 익숙하지 않은 그룹의 한계가 스마트폰 사업에서 고스란히 드러났다.

둘째, 스마트폰은 반도체와 비슷했다. 대규모 투자와 규모의 경제가 중요하고, B2C(기업 대 고객) 못지않게 B2B(기업 대 기업)의 성격이 강하다. B2C 사업 모델에 익숙했던 LG전자는 이 사실을 너무 늦게 이해했다. 피처폰은 일단 제품을 만들어놓고 이동통신사와 협업해 제품을 판다. 제품이 팔리지 않으면 다른 제품을 만들어 내놓으면 됐다. 스마트폰 비즈니스는 달랐다. 이동통신사가 원하는 시점에 맞춰 제품을 개발하고, 출시 1년 전부터 이동통신사와 긴밀히 협력해 출시 전략을 짜고, 대규모 마케팅을 통해 제품을 쏟아내야 하는 사업 모델이었다. 이동통신사들을 선점하고 그들에게 가장 중요한 파트너, 적어도 탑3 파트너가 되는 것이 관건이었다.

하지만 첫 단계가 늦어지자 이동통신사와의 창구가 급하

게 닫혔고, 시장점유율을 빠른 속도로 잃어갔다. 이동통신사를 사로잡지 못한 데다 규모의 경제를 잃어버리면서 악순환이 시작됐다. 반면 애플과 삼성은 대규모 투자를 통해 시장을 독점해나갔다.

셋째, 컨센서스를 중시하는 그룹의 집단적 의사결정구조가 발목을 잡았다. LG는 계열사의 자율 경영을 중시하고 지주사는 계열사 간 시너지를 확대하는 역할을 한다. 당시 스마트폰에 대한 투자를 결정할 수 있는 사람은 그룹 오너와 LG CEO, LG전자 CEO, LG전자 MC 사업본부장 등이었다. MC 사업본부장을 비롯해 각 사업부의 장은 LG전자 CEO가 아니라 LG가 인사권을 행사한다. 실제 LG에서는 LG전자 CEO에게 각 사업부(특히 MC 사업본부)의 독립성을 인정하라고 지시했다. MC 사업본부 입장에선 LG전자 CEO의 눈치를 보지 않고 자율적으로 사업본부를 운영할 수 있었다. 이론적으로라면 MC 사업본부장의 역할이 가장 중요했지만, 현실적으로 그만한 결정을 내릴 만큼 독자적인 자금 여력이 없었다. 피처폰의 성공 주역이었던 데다 스마트폰의 수익성을 장담할 수 없는 상황에서 피처폰을 포기하는 것도 어려운 일이었다.

2009년 LG전자 내부에서는 스마트폰 시장의 판세를 뒤집기 위해서는 지금이라도 수조 원을 투자해야 한다는 목소리가 나왔다. 하지만 LG전자에는 그만한 자금이 없었다. LG의 도움을 받을 수밖에 없었지만 관련 투자는 이뤄지지 못했다.

남용 부회장이 책임을 지고 사퇴한 후 한동안은 스마트폰 실패의 원인을 두고 책임 공방이 이어졌다. 하지만 어느 한 사람의 잘못된 의사결정이 문제였다기보다 LG 특유의 집단적 의사결정 체제와 계열사의 자율 경영을 중시하는 문화가 빠른 판단과 추진력, 대규모 투자를 필요로 하는 스마트폰 사업에는 맞지 않았던 것이다.

다시 제조업의 기본으로

남용 부회장이 사퇴하자 구본준 부회장이 LG전자 대표이사에 취임하며 본격적인 수습에 나섰다. 2004년 LG전자 대표이사가 구자홍에서 김쌍수로 바뀐 지 7년 만에 오너 일가가 다시 LG전자 경영을 맡을 만큼 그룹의 상황 인식은 엄중했다.

구본준은 제조업의 기본인 '품질'을 끌어올려야 한다고 판단했다. 비용을 절감하기 위해 아웃소싱했던 제조 기능을 정상화한 것이 대표적이다. 하드웨어뿐만 아니라 소프트웨어에 대한 투자도 강화했다. LG전자 스마트폰을 사용하던 고객들도 불안정한 소프트웨어 때문에 제품에 등을 돌리던 때였다. 소프트웨어 기술은 결국 사람에게서 나온다고 판단해 각종 인력 양성 제도를 도입했다.

컴퓨터의 CPU에 해당하는 스마트폰의 AP(애플리케이션 프로세서) 개발에도 상당한 투자를 했다. 마케팅에 집중됐던 자원은 연구개발과 생산설비 혁신으로 돌렸다. 회사 내 소통을 가로막는 것으로 지적된 적극적인 영어 사용도 중단시키고 외국인 중역들도 내보냈다.

이런 노력에도 스마트폰 사업이 완전히 정상화됐다고 보기는 힘들다. G3 등의 선전으로 흑자 전환을 하기도 했지만, 피처폰 시절의 수익과 시장점유율은 회복하지 못하고 있다. 하지만 2018년까지 15분기 연속 영업손실을 내던 와중에도 손실 규모를 점차 줄여 사업을 지속할 수 있는 수준까지 끌어올렸다.

2018년 기준 LG전자의 스마트폰 출하량은 세계 7위다. 삼성전자와 애플을 비롯해 화웨이와 샤오미 등 중국 업체 4곳이 LG전자에 앞서 있다. 애플의 화려한 성장과 중국 업체들의 약진에도 불구하고 LG전자의 스마트폰이 생존하고 있다는 것 자체가 높은 평가를 받는다. 노키아와 모토로라, 블랙베리 등 전통의 강자들이 힘을 잃은 시장이기 때문이다.

스마트폰에는 카메라와 오디오 등 전자제품의 각종 기능이 집약되고 있다. 또 자동차 부품과 가전의 사물인터넷이 연결되는 데에도 스마트폰이 필요하다. 전자 산업을 중요한 성장축으로 삼고 있는 LG가 스마트폰을 포기할 수 없는 이유다.

LG는 아무리 어려울 때라도 미래에 필요한 기술과 제품은 유지했다. 그리고 이는 어느 정도 시간이 흐른 뒤 어김없이 빛을 발했다. 5세대 이동통신이 도입되고 가상현실, 증강현실이 도입되면서 스마트폰이라는 하드웨어 자체가 바뀔 가능성이 커지고 있다. 시장 형성 초입 단계인 폴더블폰이 그 예다.

AP는 삼성전자와 애플, 퀄컴 정도만 자체 제조할 수 있는 것으로 처음부터 승산이 없다는 지적이 나왔다. 그렇지만 LG전자는 자체 AP 개발을 추진했고 그 과정에서 축적한 소프트웨어 기초 경쟁력으로 스마트폰의 구동 능력을 업그레이드하고 있다. 생산원가를 낮추기 위해 스마트폰 생산라인 지능화에도 적극적으로 투자하고 있다.

LG전자는 위기 극복의 길을 기본에서 찾았다. 제조업의 기본으로 돌아가 기초 체력을 축적한 스마트폰은 다시 한번 도약을 꿈꾸고 있다.

LG는 아무리 어려울 때라도 미래에 필요한 기술과 제품은 유지했다. 그리고 이는 어느 정도 시간이 흐른 뒤 어김없이 빛을 발했다. LG는 위기 극복의 길을 기본에서 찾았다.

파격적인 그러나 미완의 실험

평일 오전 9시 반이 되면 서울 영등포구 여의도동 LG트윈타워의 지하 주차장은 활기를 띤다. LG전자 임원 운전사 25명의 영어 회화 스터디가 시작되는 것이다. 이들은 회화책을 펼치고 "LG전자에 오신 것을 환영합니다" "한국에 계시는 동안 안전하게 모시겠습니다" 등의 표현을 영어로 익힌다. '비즈니스 영어'가 아닌 '드라이버(운전사) 영어'다.

단순히 외국인 바이어를 마중하기 위해 통역 담당 직원이 운전사와 동행하는 건 드문 일이 됐다. 2년 전 LG전자의 '영어 공용화' 정책 시행이 바꿔놓은 풍경 가운데 하나다.●

LG전자는 2008년 대기업 중 최초로 영어 공용화를 시작

● 〈동아일보〉, 2010년 3월 22일

한 회사다. 2008년부터 경영회의를 영어로 진행했다. 인사, 회계, 생산, 영업과 관련한 전산 시스템 역시 모두 영어로 바뀌었다.

영어 공용화는 LG전자 글로벌 경영 전략 변화에서 비롯됐다. 그 중심에는 2007년 LG전자 대표이사로 부임한 남용 전 부회장이 있었다. 구자경 명예회장 비서실장 출신으로 구 회장의 동시통역을 담당할 만큼 영어에 능통했다. 그가 대표이사로 취임한 후 LG전자는 글로벌 LG로의 변신, 마케팅 역량 강화, B2B 사업 모델 등의 전략을 추진했다.

그는 '국경 없는 회사'를 꿈꿨다. 현지 법인 임직원들에게 단순히 생산관리나 영업망관리만 맡기는 게 아니라 전략적 주도권을 주려고 했다. 전략·기술·연구개발·생산관리 등 본질적인 문제에 대해 본사와 현지 법인이 소통할 필요성이 커졌다. 현지 시장 상황을 바탕으로 새로운 기능을 추가한 제품을 개발하거나, 현지 상황에 맞는 마케팅을 제안하는 등 현지 법인과 본사가 더 많은 소통을 할수록 새로운 아이디어가 탄생할 수 있기 때문이었다.

문제는 언어였다. 통역을 거쳐야 하는 만큼 '시차'가 발생했고, 전달 과정에서 오해를 피하기 위해 대화를 최소화하자 소통 단절이 생겼다. 2004년 전사 차원으로 확대된 영어 공용화는 글로벌 경영 조직으로 변화하고, 그로 인한 소통 문제를 해결하기 위해 시작됐다.

당연히 해외 법인의 만족도는 높았다. 2006년 태국 생산 법인에서 일했던 A 상무가 말했다.

"현지 사원들이 내용을 이해하고 바로 실행에 옮길 수 있기 때문에 업무 효율성이 높아졌습니다. 또한 LG전자에서 전사적으로 영어를 사용한다고 한 후로 우수한 인재들이 입사 지원을 하는 현상이 나타났습니다."[•]

더 큰 파격은 인사 부분에서 이뤄졌다. 글로벌 기업이 되기 위해서는 다국적 최고 경영진을 갖춰야 한다는 취지에서 부사장급 이상 경영진의 3분의 2를 외국인으로 물갈이했다. 최고의 파격은 CHO(최고인사책임자) 자리에 외국인을 앉힌 것이다. 색다른 직책도 생겼다. CGTMO(최고Go-To-Market책임자)를 신설하고 외국인 부사장을 추가 영입했다.

● 오성호 · 김보영,《글로벌 기업의 영어 공용화 정책을 통한 변화 관리 전략》

마케팅 최전선에서 고객을 위한 커뮤니케이션, 유통관리 등을 포함하는 통합 마케팅을 하는 것이 CGTMO의 업무였다.

순혈주의도 없앴다. 주요 사업본부의 마케팅 총괄 임원 자리를 30대 후반에서 40대 초반의 외국계 기업 출신으로 교체했다. 이때 컨설팅회사 맥킨지 출신 임원을 대거 영입했다.

급격한 변화에 현실적인 불만들이 나오기 시작했다. 승진 자리가 줄어들면서 굴러온 돌이 박힌 돌을 빼낸다는 불만이 생겼다. 'LG가 아니라 맥킨G'라는 불만이 나왔다. 30분이면 작성할 보고서를 영문으로 번역하기 위해 2시간을 소비해야 했다. 소통 확대를 위해 시작한 영어 공용화가 소통 단절을 일으킨 셈이었다.

하지만 남용 부회장은 물러서지 않았다.

"LG전자가 살아남고 성공하려면 변화해야 합니다. 뿌리부터 변화해서 다시 관성에 빠져 과거로 돌아가지 않도록 해야 합니다. 내가 욕을 먹더라도 다시 돌아오지 못할 정도로 큰 변화를 만들겠습니다."

LG전자는 세계적인 마케팅회사?

남용 부회장의 또 다른 키워드는 '마케팅'이었다. 한양대 기계공학과를 졸업하고 경남 창원에서 '냉장고 장인'이라 불렸던 전임 김쌍수 LG전자 부회장과는 180도 다른 캐릭터였다. 서울대 경제학과를 졸업했고, 구자경 명예회장 시절 비서실과 V추진본부에서 근무하며 맥킨지와 함께 그룹 전반의 전략 기획을 담당했다. 이후 LG 경영혁신추진본부장, LG전자 멀티미디어사업본부장, LG텔레콤 대표이사, LG 전략사업담당 사장 등 요직을 두루 거쳤다.

LG전자 전반에 6시그마를 정착시키고 '기술의 LG'를 만든 김쌍수 부회장과 달리 남용 부회장은 LG전자를 '세계적인 마케팅회사'로 만들겠다고 했다. 그는 2008년 언론 인터뷰에서 포부를 밝혔다.

"지금까지 LG전자가 첨단 기술을 갖춘 글로벌 전자 업체로 평가받았다면, 앞으로는 최고 수준의 마케팅 역량을 갖춘 세계적인 마케팅회사로 거듭날 것입니다. 이를 위해 마케팅 예산을 늘려 세계 곳곳에 LG 브랜드를 확실하게 자리

잡도록 하겠습니다."

이에 대한 평가는 엇갈리지만 당시 남용 부회장이 강조한 것은 결국 고객 중심주의였다. 고객 스스로도 깨닫지 못했던 욕구까지 파악해야 한다는 의미에서 '인사이트 마케팅'이라고도 불렀다. 남용 부회장은 인사이트 마케팅 역량을 극대화하기 위해 노력했다. 추수감사절 기간 내내 북미 주요 거점에 카메라를 설치하고 고객들의 행동 패턴을 관찰하고, 현지 출장 때는 고객의 집까지 찾아갔다.

그럼에도 고객의 생각을 이해한다는 건 쉽지 않은 일이었다. 마케팅 조직과 유통 채널 구축부터 커뮤니케이션 방식에 이르기까지 각 지역의 고객들이 어떻게 행동하는지를 반영해 그 지역에 맞는 마케팅 전략을 고안하고 실행에 옮겨야 했다. 이를 위해서는 세계 각지에 '현지인'을 중심으로 한 마케팅 조직을 둬야 한다고 판단했다. 단순히 한국에서 개발한 제품을 현지에 판매하는 영업 조직이 아니라 현지 고객이 원하는 것을 파악해 제품 혁신에 반영할 수 있는 제대로 된 마케팅 조직이 필요했다.

첫 현지인 법인장인 피트 반 루엔 남아공 법인장을 비

롯해 세계 각지에 외국인 법인장들을 대거 영입하고 이들의 활동 범위를 크게 넓혔다. 현지 법인의 마케팅 기능을 강화하자 이는 곧 해외 법인 실적 개선으로 이어졌다.

미완의 실험, 엇갈린 평가

남용 부회장의 실험은 결국 미완으로 끝났다. 스마트폰 사업 실적이 곤두박질치면서 사퇴했기 때문이다. 구원투수로 등판한 구본준 부회장은 2011년 1월 열린 취임 후 첫 기자 간담회에서 남용 부회장과는 다른 길을 가겠다고 선언했다.

"잘되는 회사와 안되는 회사의 차이를 보여주는 것이 제품력인데 그동안 제품력이 크게 떨어졌습니다. 제조업의 기본이 모두 무너진 것이지요. 전임 CEO는 마케팅회사를 지향했지만 나는 제조업의 기본에 포커스를 둘 것입니다. '기술의 LG'로 거듭나야 합니다."

외국인 임원에 대한 칼바람도 불었다. 구본준 부회장 취임 직후 단행된 조직 개편에서 LG전자 국내 본사의 C레벨(부사장 이상 최고책임자) 외국인 경영진 5명이 전원 물러났다.

큰 역할과 책임을 부여했던 해외 지역본부의 역할도 축소했다. 외국인 현지 법인장들도 줄줄이 해고 통보를 받았다. 영어 공용화 정책도 사문화됐다.

남용 부회장에 대한 평가는 엇갈린다. 결과가 어찌 됐든 그의 고민은 남들보다 한발 앞선 것이었다. 글로벌화와 현지화는 글로벌 기업을 꿈꾸는 한국 기업에 피할 수 없는 과제다. 바람직한 현지화와 글로벌화를 위해서는 현지 법인, 국내 법인 가릴 것 없이 근속연수가 5년 이상 된 부장급 외국인 직원이 많아져야 한다. 동덕여대 리상섭 교수의 지적이다. 임원급 외부 수혈에만 급급할 것이 아니라 내부에서 육성되고 검증된 외국인 임직원이 늘어나야 한다는 뜻이다. 고위 임원으로 한국 기업에 영입됐지만 특유의 기업문화에 적응하지 못하거나 기존 직원들과의 불화로 회사를 떠나는 경우가 부지기수다.

남용 부회장의 업적이 모두 사문화된 것은 아니다. 그가 신산업으로 육성하기 시작한 B2B 사업의 중요성은 최근 들어 더욱 커지고 있다. 상업용 건물을 대상으로 한 시스템 에어컨 사업, 건설사를 대상으로 한 빌트인 가전, 호텔 병원

공공장소의 디지털 사이니지 시장 규모는 매년 큰 폭으로 성장하고 있다. LG전자도 관련 사업을 적극적으로 육성하고 있다.

5장

기업이
오래 빛나려면

미래 준비의 기본

4세 경영 체제의 시작

2018년 6월, 구본무 회장의 외아들 구광모 LG 전자 상무가 LG그룹 총수 자리에 올랐다. 불혹의 나이에 자산 규모 123조 원 회사를 이끌게 된 것이다.

구광모의 '초고속 승진'을 두고 재계에서는 책임 경영을 강화하겠다는 의지라는 해석이 나왔다. 상무 직급이었던 그가 전무, 부사장, 사장, 부회장의 단계를 뛰어넘고 회장 직함을 단 것은 LG로서는 파격적인 결정이었다. LG가 이미 계열사 최고경영자의 역할을 최대한 존중하는 자율 경영 시스템을 구축해놓았기 때문에 가능했던 일이다.

"그동안 LG가 쌓아온 고객을 위한 가치창조와 인간존중, 정도경영이라는 자산을 계승하고 발전시키겠습니다."

6월 29일 열린 LG 이사회에서 'LG 대표이사 회장'이 된 구광모가 내놓은 짤막한 인사말이었다. 고객을 위한 가치 창조, 인간존중, 정도경영은 그저 듣기 좋은 말이 아니었다. 구 대표는 이 가치들을 빠르게 실천해나가고 있다.

다시, 기본으로

2019년 새해 모임이 열린 서울 마곡동 LG사이언스파크. 임직원들의 관심은 젊은 총수의 신년사에 쏠렸다. 구광모 대표가 임직원이 모인 공식 석상에서 기업 경영과 관련한 메시지를 내는 것은 처음이었기 때문이다. 젊은 총수답게 글로벌 IT 업계의 변화와 이에 어떤 자세로 대응할지를 이야기할 것이라는 전망이 주를 이뤘다.

예상은 빗나갔다. 그가 들고나온 키워드는 '고객'이었다. 누군가는 다소 식상한 키워드라고 했고, 누군가는 LG답다고 했다.

'고객'은 구인회 창업회장부터 구자경 명예회장, 구본무 회장까지 3대에 걸쳐 공통으로 강조한 핵심 키워드였다. 구자경 명예회장은 저서 《오직 이 길밖에 없다》에서 자신을 '고객에 미친 영감'이라고 표현했을 정도다.

구광모 대표는 이날 10분가량의 신년사에서 고객을 30회나 언급했다.

"모두가 '소비자'라는 단어에 익숙하던 시기에 LG는 가장 먼저 '고객'이라는 개념을 도입했습니다. 중요한 회의마다 '고객의 자리'를 따로 두었고, 결재 서류에도 사장보다 높은 자리에 '고객 결재란'을 마련했습니다. 지금은 고객을 강조하면서도 마음과 행동은 고객으로부터 멀어져 있는 건 아닌지 자문해야 할 때입니다. 우리 안에 있는 '고객을 위한 가치창조'라는 기본 정신을 다시 깨우고 더욱 발전시킬 때입니다. 저부터 실천하겠습니다. 결코 멈추지 않겠습니다."

구 대표는 인간존중의 가치도 빠르게 실천했다. 2018년 11월 LG전자는 언론사에 보도자료를 배포했다. 전국 130여 개 서비스센터에서 일하는 협력사 직원 3900여 명을 직접 고용하기로 했다는 내용이었다. 삼성전자가 같은 해 4월에 자회사인 삼성전자서비스를 통해 서비스센터 협력사 직원 8700여 명을 고용하기로 발표한 바 있지만, LG전자의 선택은 더 파격적이었다.

"자회사를 통해 고용하는 게 아니라 본사 정규직으로 고용한다는 점에서 삼성전자의 사례와는 다릅니다."

인건비 부담이 커진다는 우려에도 불구하고 이런 결정을 내린 것은 양질의 일자리 창출을 추진하는 문재인 정부의 정책에 호응하는 것임과 함께, 서비스센터가 고객과 LG전자가 만나는 접점인 만큼 이들의 역할이 점차 중요해진다고 판단한 결과다. 서비스센터 직원들의 업무 만족도가 높아져야 고객 만족도도 높아질 수 있다.

직접 고용을 처음으로 제안한 주체는 LG전자 노조원들이었다. LG전자 노사가 2018년 3월 임금 및 단체 협상을 시작할 때 노조위원장이 먼저 서비스센터 협력사 직원 직접 고용을 제안했다.

"품질은 결국 조합원의 손끝에서 나옵니다."

LG전자 노조는 '착한 노조'로 통한다. 1993년 수직적 관계의 '노사(勞使)'가 아니라 수평적 관계의 '노경(勞經)'이라는 개념을 도입해 경영진과 임직원이 서로 협력하는 문화를 조성했다. 2010년에는 김영기 LG전자 부사장 주도로

"지금은 고객을 강조하면서도 마음과 행동은 고객으로부터 멀어져 있는 건 아닌지 자문해야 할 때입니다. 우리 안에 있는 '고객을 위한 가치창조'라는 기본 정신을 다시 깨우고 더욱 발전시킬 때입니다. 저부터 실천하겠습니다. 결코 멈추지 않겠습니다."

'노조의 사회적 책임(Union Social Responsibility, USR)'이라는 개념을 국내에서 처음으로 도입했다. 노조가 고용 안정과 임금 인상, 복리후생 증진 등 자신의 이익만을 추구하는 데서 나아가 사회적 책임을 다하는 조직으로 변신해야 한다는 생각이었다.

이런 변화의 결과물 중 하나가 협력사 직원 정규직 전환이었다. 노조는 자신들의 이해관계가 달린 일이 아님에도 협력사 직원의 권리를 보장하자고 먼저 제안했다. 구광모 대표도 LG전자로부터 서비스센터 직원 직접 고용 방침을 보고받고 흔쾌히 승인했다. '인간존중'의 가치에 부합하는 것이었기 때문이다.

순혈주의를 깨고

인사를 보면 전략이 보인다

그동안 LG화학의 차기 수장을 점치는 것은 그리 어려운 일이 아니었다. 예외 없이 '기초소재 사업부문을 맡은 화학공학과 출신 LG맨'의 몫이었기 때문이다. 전체 매출의 3분의 2를 차지하는 맏형 부문장에게 대권을 넘기는 건 인화를 강조하는 LG에선 자연스러운 일이었다. 고 성재갑 회장, 노기호 사장, 김반석 부회장, 박진수 부회장이 이런 코스를 밟아 최고경영자 자리에 올랐다.

2018년 연말 진행된 정기 임원 인사에서 이런 암묵적 기준이 처음으로 깨졌다. 구광모 대표가 신학철 미국 3M 부회장을 차기 CEO로 지명하면서다. 71년의 LG화학 역사상 첫 외부 CEO다.

재계에선 구광모 대표가 인사를 통해 LG의 미래는 '혁신'과 '글로벌'에 있다는 메시지를 던진 것으로 해석했다. 신학철 부회장이 35년 동안 3M에 몸담으면서 익힌 혁신 마인드와 글로벌 운영 노하우를 LG에 심기 위해서라고 분석했다. 구광모 대표는 신학철을 직접 만나며 영입에 애썼다고 한다.

1902년 설립된 3M은 세계 200여 개국에 9만여 명의 직원을 거느린 전통의 대기업인 동시에 세계에서 가장 혁신적인 기업(미국 컨설팅 업체 부즈앤컴퍼니 선정)으로 통한다. 신학철은 이런 3M에서 글로벌 연구개발과 사업개발, 마케팅 등을 책임지며 '혁신 전도사'로 일했다.

또한 그는 글로벌 네트워크를 쌓아왔고 해외 사업 운영 노하우를 가지고 있었다. 업계 관계자의 설명을 들어보자.

"3M은 포스트잇, 스카치테이프 같은 소비재뿐만 아니라 자동차, 통신, 전자, 헬스케어 등 다양한 산업재도 생산한다.

6만 개에 달하는 3M 제품을 세계에 팔아본 경험과 생산관리, 공급망관리 노하우를 LG가 배우려는 것이다."

LG화학은 160여 개국에서 에틸렌, 엔지니어링 플라스틱, 편광판 등 석유화학 및 정보전자소재부터 전기차 배터리, 성장호르몬까지 3M 못지않게 다양한 제품을 판매한다. 석유화학 업체였던 LG화학의 사업 포트폴리오가 신소재, 배터리, 정보전자소재, 생명과학 등 첨단 소재 및 바이오 분야로 확대된 것도 LG가 새로운 리더십을 찾은 이유 가운데 하나다.

석유화학이나 기초소재는 기술 변화가 상대적으로 더딘 만큼 안정적인 관리가 CEO의 첫 번째 덕목이지만, 이제는 트렌드를 미리 읽고 움직이는 발 빠른 변화가 중요해졌다. LG전자가 2018년 초 오스트리아의 자동차 조명 업체 ZKW를 인수한 데 이어, LG화학도 해외 기업 인수 · 합병을 검토 중이다. 인수 · 합병할 해외 기업을 고를 때 신학철 부회장의 글로벌 네트워크가 도움이 될 것이다.

LG화학뿐만 아니라 지주사 LG도 3명의 고위 임원을 외부에서 영입했다. 홍범식 베인앤컴퍼니 한국 대표는 LG 경영전략팀 사장으로 영입됐다. 그동안 LG그룹이 투자은행

(IB) 업계와 컨설팅 업계에서 영입한 인사 중 최고위직이다. 1968년생으로 구광모 대표(1978년생)를 제외하면 사장급 이상 경영진 가운데 최연소자이기도 하다. 홍범식 사장은 4차 산업혁명 시대에 필요한 신산업을 발굴하고 포트폴리오를 조정하는 역할을 맡았다. 외부에서 온 50세 전문 경영인에게 그룹의 미래를 결정할 조타수 역할을 맡긴 셈이다.

전장 사업을 강화하기 위해 자동차 업계를 잘 아는 전문가들도 잇따라 영입했다. 기아자동차·르노삼성자동차 출신인 김형남 한국타이어 연구개발본부장(부사장)이 대표적이다. LG는 자동차부품팀을 신설하고 김형남 부사장이 팀장을 맡아 계열사 전장 관련 사업들의 시너지를 높일 수 있도록 했다.

한편 LG전자는 은석현 보쉬코리아 영업총괄 상무를 VS 사업본부 전무로 영입했다. 4차 산업혁명 등 빠르게 변하는 경영 환경에 대비하기 위해 혁신의 DNA를 조직에 이식하기 위해서다.

LG사이언스파크에 집결한 인재들

"인류의 삶의 질을 향상하는 데 도움이 되는 LG만의 기술을 개발해야 한다."

구본무 회장은 1995년 취임 후 2017년까지 한 해도 거르지 않고 '연구개발 성과보고회'에 참석했다. 매년 11월에 열리는 LG그룹 실적보고회에서 가장 신경 쓰는 것도 각 계열사의 연구개발 투자 규모였다. 연구개발 투자 금액과 인력이 지속적으로 늘어날 수 있었던 배경에는 오너 일가의 이와 같은 든든한 지원이 있었다.

연구개발에 대한 철학과 집념이 투영된 곳이 연구개발센터인 LG사이언스파크다. LG전자와 LG디스플레이가 인건비가 저렴한 중국과 베트남 등지로 공장을 옮겼지만 연구개발만큼은 국내에서 하겠다는 의지였다. 글로벌 기업과 경쟁해도 뒤지지 않는 연구개발센터를 구축해 국내 우수 인력을 한데 모으겠다는 뜻이다. 그에 따라 거대한 삼밭이었던 마곡은 4차 산업혁명의 전진기지로 다시 태어났다.

평소 연구개발 인재를 유치하는 데 관심이 많았던 구본무 회장은 LG사이언스파크 건설을 세심하게 챙겼다. 2015

년 12월에는 영하의 날씨에도 현장을 찾아 오랫동안 머무르며 건설 과정 하나하나를 지켜봤다. 일상적인 경영 활동을 구본준 부회장에게 넘긴 뒤 공식 행사 참석을 크게 줄인 구 회장이 2017년 오랜만에 카메라 앞에 선 것도 LG사이언스파크 공사 현장을 방문하면서였다. 그만큼 구 회장의 관심과 애정은 각별했다. 구 회장은 공사 현장 관계자들에게 당부했다.

"연구개발 인재들이 연구 활동에 몰입하고 창의적으로 일할 수 있도록 최적의 환경을 조성해주세요."

건강이 급속도로 악화된 구 회장은 2018년 4월에 열린 개장식에는 참석하지 못했다. 행사에 참석한 문재인 대통령은 LG사이언스파크를 둘러본 뒤 더는 실리콘밸리를 부러워하지 않아도 될 것 같다는 찬사를 보냈다. LG사이언스파크의 총면적은 110만 8000제곱미터로 여의도 면적의 3분의 1이다. 애플에도 뒤지지 않는 연구 환경이다. 애플은 캘리포니아 쿠퍼티노에 총면적 26만 제곱미터 규모, 1만 4000여 명이 근무하는 R&D캠퍼스 '애플파크'를 지었다.

정보기술(IT) 연구 인력이 집중돼 있는 애플파크와 달리 LG사이언스파크는 전자, 디스플레이, 부품, 화학, 바이오,

통신, 소프트웨어 등 각종 산업군의 인력이 모여 시너지를 낼 수 있는 구조다.

LG는 2020년까지 이곳에 총 4조 원을 투자한다. LG화학, LG전자, LG디스플레이 등 8개 계열사에서 총 2만 2000명 의 연구 인력이 이곳에 집결하게 된다. 각지에 흩어져 있던 계열사들의 연구개발 조직을 막대한 비용을 들여 한데 모 은 것은 산업의 경계가 모호해지는 상황에서 이종 산업 간 의 연구개발 협력을 강화하기 위해서다. 각 분야 연구 인력 이 칸막이에서 벗어나 창의적인 생각을 마음껏 펼칠 수 있 도록 판을 깔아주자는 것이다. LG 계열사뿐만 아니라 외부 의 중소기업, 벤처기업, 대학, 글로벌 기업 등이 축적한 다 양한 지식과 역량을 한데 모아 개방적 혁신 생태계를 구축 하고자 한다.

구광모 대표가 취임하면서 LG사이언스파크의 상징성은 더욱 커지고 있다. 구 대표의 첫 데뷔전 무대도 LG사이언스 파크였다. 취임 이후 6개월간 사무실 외에 가장 많이 찾은 곳도 LG사이언스파크를 비롯한 연구개발 현장이었다. 구 대표는 말했다.

"고객에게 가장 사랑받는 기업이 되고 싶은 LG의 꿈을 이루기 위해서는 기술이 그만큼 중요합니다. LG의 연구 공간에서 최고의 인재들이 미래 기술을 선도하고 꿈을 이룰 수 있도록 적극적으로 지원하겠습니다."

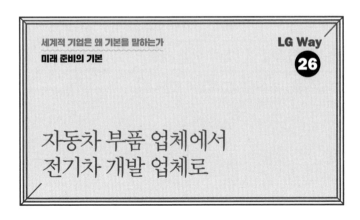

세계적 기업은 왜 기본을 말하는가
미래 준비의 기본

LG Way
26

자동차 부품 업체에서
전기차 개발 업체로

계열사 시너지를 극대화하라

LG의 자동차 사업 진출설은 1990년대부터 시장에 꾸준히 흘러나왔다. 전기차 배터리부터 차량용 인포테인먼트, 범퍼와 카시트까지 계열사들 사이의 시너지가 상당해 보였기 때문이다. 그러나 대대적인 투자가 필요하고, 관련 생태계를 구축하려면 상당한 시간이 걸리는 데다 완성차 업체 간의 경쟁이 치열해지는 경영 환경을 고려해 사업을 포기했다. 다양한 부품을 개발하는 B2B 사업의 특성상 완성차 시장에 진출하는 순간 LG를 경쟁자로 인식한 완성차 업체들이 거래를 끊을 위험도 있었다.

대신 LG전자는 자동차 부품 사업 영역을 넓혔다. 이우종 VC 사업본부장(사장)이 핵심적인 역할을 했다. 이우종 사장은 대우자동차 차량개발담당 상무를 지내다가 대우차가 GM에 매각되면서 LG로 자리를 옮겼다. 2001년 처음 그가 둥지를 튼 곳은 LG CNS였다. LG CNS는 대우차 출신 개발자들을 영입해 자동차 설계 컨설팅 사업을 시작했다. 이우종은 말레이시아 자동차 업체 트로톤으로부터 설계 프로젝트를 수주해 성공적으로 사업을 진행하며 LG맨으로 입지를 다졌다.

대우차 기술연구소 출신이었던 그에게는 레간자, 매그너스 등 대우차의 전성기를 이끈 인기 자동차 모델 설계 노하우가 있었다. 차량 설계를 할 줄 아는 그의 눈에 각 계열사에 흩어져 있는 부품 사업이 눈에 들어왔다. LG화학(전기차 배터리), LG CNS(자동차 부품 설계), LG전자(차량용 가전, 차량용 인포테인먼트), LG이노텍(텔레매틱스, 모터, 센서, 카메라), LG하우시스(범퍼, 카시트)까지 차량에 적용할 수 있는 제품이 무궁무진했다. 이를 한데 모으면 충분히 시너지를 낼 수 있다고 판단했다.

그는 구본무 회장과 경영진 앞에서 가전과 IT, 자동차를 융합한 새로운 시장을 개척해야 한다는 내용의 PPT를 진행했다. LG CNS가 2004년 자동차 설계 엔지니어링 사업부문을 분할해 자동차 부품 설계 자회사 V-ENS를 설립하게 된 배경이다. V-ENS 설립에 주도적인 역할을 한 그는 2007년부터 대표를 맡아 조직을 이끌었다.

2009년부터 LG는 전기차 시대를 본격적으로 준비하기 시작했다. 중국이 대기오염 문제를 해결하기 위해 전기차 시장을 강력하게 육성할 것으로 판단했기 때문이다. 특히 전장 부품 중에서도 기존에 집중하던 텔레매틱스, 내비게이션, 오디오 · 비디오 시스템 등 인포테인먼트 시스템 중심의 사업으로는 한계가 있다고 봤다. 기존의 사업과 시너지가 나는 건 분명했지만 중국, 일본 등의 업체들과 경쟁하면서 수익률이 떨어지고 있었다.

LG는 전기차의 심장이라 불리는 구동 모터를 포함한 핵심 부품을 만들기 위해 세탁기 모터 기술자들을 불러 전기차용 모터와 전기 제어 기술을 적용한 전기차 구동장치를 개발했다. 2010년에는 GM과 함께 서울에서 열린 주요 20

개국(G20) 정상회의에서 쉐보레 크루즈 전기차를 공동 개발해 운영하기도 했다. 임원들을 비롯한 최고 경영진은 자체 기술력으로 전기차를 만들었다는 사실에 감동했다. 구본무 회장의 전폭적인 지지로 전기차 사업은 더욱 탄력을 받았다.

전기차 시대가 오면

2011년 LG의 전장 사업에는 큰 이정표가 생겼다. GM과 손잡고 전기자동차를 공동 개발한다고 정식으로 발표한 것이다. 전기차 배터리를 생산하는 LG화학이 아니라 그룹 차원의 발표라는 점에서 재계의 이목이 집중됐다. 전장 사업을 그룹의 새로운 먹거리로 키우겠다는 선언이었다. LG의 움직임에 전기차 배터리 경쟁사인 삼성은 물론 현대, 기아차도 상당히 긴장했다. GM과의 협력을 통해 전기차 부품 업체에서 전기차 개발 회사로 지위가 격상됐기 때문이다.

2012년부터는 인천 청라에 3000억 원을 투입해 전기차 부품 생산 및 연구개발 시설을 건립했다. 그리고 2013년에

LG전자가 LG CNS의 자회사였던 V-ENS를 인수 · 합병하는 등 계열사의 전장 부품 관련 사업을 모아 VC 사업본부를 신설하면서 사업이 본격적으로 속도를 냈다. VC 사업본부장이 된 이우종 사장은 LG전자 전장 사업이 나아가야 할 방향으로 자율주행과 커넥티드카를 내걸었다. 기존의 자동차 부품만으로는 보쉬와 콘티넨탈 등 자동차 부품 업계의 거인들과 싸워 이길 수 없으니, 전자 업체의 강점을 살리면서 기존 자동차 부품 업체들이 성과를 내기 힘든 영역을 집중적으로 공략하기로 했다. 2017년 핵심 고객사였던 GM 외에 메르세데스 벤츠로부터 첨단운전자보조시스템(ADAS) 부품 공급 계약을 수주한 배경이다.

물론 어려운 점도 있었다. B2C 비즈니스 구조에 익숙한 LG전자로선 B2B 비즈니스가 매우 생소했다. 이우종 사장은 직원들에게 수차례 강조했다.

"자동차 부품 사업은 그동안 LG전자가 해온 B2C 사업과는 성격이 다릅니다. 고객사의 수요에 철저하게 부응하는 B2B 업체가 되기 위해서는 '을'의 입장이 돼야 합니다."

진입 장벽도 높았다. 자동차용 부품은 소비자의 안전과 직결되는 만큼 완성차 업체로서도 이미 안전과 품질이 검증된 기존의 부품 업체들을 두고 새로운 회사와 협력하기가 쉽지 않다. 이런 상황에서 본격적인 사업의 물꼬를 터준 곳은 GM이었다. 2016년 GM의 전기차 쉐보레 볼트 EV 개발의 전략적 파트너로 선정돼 핵심 부품 11종을 공급하기 시작했다. 기존에 강점을 가지고 있던 인포테인먼트 시스템뿐만 아니라 전기차 구동의 핵심인 모터, 파워 인버터 모듈, 배터리셀과 배터리팩 등이 대거 포함됐다. 꾸준히 기술을 개발해온 결과가 비로소 나타난 것이다.

자동차 부품 업체가 아닌 전자 업체가 GM과 핵심 부품 공급 파트너십을 체결한 것은 LG전자가 처음이었다. GM으로선 LG그룹으로 공급처를 일원화하면서 규모의 경제를 실현해 전기차 제조원가를 낮추는 장점이 있었다. 또한 LG는 GM에 핵심 부품을 공급하면서 그 경력을 바탕으로 고객군을 확장할 수 있었다.

전장 사업을 성공적으로 육성할 수 있었던 이유는 결과가 나올 때까지 묵묵히 투자를 지원해주는 환경과 계열사 간 협업에 익숙한 문화를 꼽을 수 있다. 이우종 사장은 스마트폰 사업부 등 IT 부문에서 옮겨온 직원들에게 강조하곤 했다.

"전장 사업은 전자제품과 달라 1~2년 안에 승부가 나기 힘들어요. 5년 이상 밀고 나가야 하기에 우직함이 중요합니다."

금세 성과가 나오지 않더라도 기술 개발을 장려하는 문화, 계열사 간 협업은 물론 글로벌 기업과도 장기적으로 협력 관계를 구축해나가는 데 익숙한 문화도 전장 사업 육성에 큰 도움이 됐다.

2018년 4월에는 또 다른 이정표가 등장했다. LG전자는 자동차 헤드라이트 제조 업체인 오스트리아 ZKW 인수를 공식 발표했다. 레이저 헤드램프 등을 세계 최초로 양산한 ZKW는 BMW, 벤츠, 아우디, 포르쉐 등에 제품을 공급하고 있었으며 프리미엄 헤드램프 시장의 톱5 기업이기도 했다. 인수 금액은 무려 11억 유로(약 1조 4500억 원)로 LG 역사상 최대 규모였다. 지분 70%는 LG전자가, 30%는 지주사 LG가 인수했다.

전장 사업 강화에 나선 LG전자는 2년 전부터 ZKW에 눈독을 들여왔다. 파나소닉 등 경쟁 업체들을 제치고 ZKW를 최종 인수하기까지 반년 넘게 걸렸다. 인수·합병으로 기업을 성장시킨 SK와 달리 LG는 유독 인수·합병에 보수적인 문화를 가지고 있다. 그런 LG가 전장 기업에 1조 원이 훌쩍 넘는 금액을 베팅한 것은 전장 사업을 미래 사업으로 적극 육성하겠다는 강력한 메시지가 됐다.

최근에는 자율주행 등 차세대 커넥티드카 시장의 주도권을 잡기 위해 글로벌 기업들과 합종연횡을 강화하고 있다. 히어, NXP, 하이웰, 퀄컴, 마이크로소프트 등 각 분야 대표 기업들과 다방면으로 협업을 진행한다. LG전자의 텔레매틱스 기술과 히어의 고정밀 지도 정보를 결합해 차세대 커넥티드카 솔루션을 개발하고, NXP · 헬라와는 차세대 ADAS 통합 솔루션을, 항공기 및 차량용 보안 분야의 글로벌 기업인 하니웰과는 자율주행차 통합 보안 솔루션을 공동 개발한다. 퀄컴과는 V2X(차량과 모든 개체 간 통신) 등 차세대 커넥티드카 솔루션 개발을 위한 공동연구소를 설립하기로 했고, MS와는 인공지능 자율주행 소프트웨어 개발을 위한 업무 협약을 체결했다.

전장 사업은 빠르게 몸집을 불리고 있다. 2013년 VC 사업본부 출범 당시 2조 4000억 원이던 매출은 2018년 4조 3000억 원으로 늘어났다. 하지만 영업이익은 아직 적자다. 외형 불리기에 집중한 나머지 수익성을 확보하지 못하고 있다는 지적이 나오는 이유다. 후발주자인 삼성전자가 인포테인먼트, 텔레매틱스, 카오디오 분야 세계 1위인 하만을 인수해 단기간에 시장 지배력을 끌어올리고 있는 것도 부담이다.

경영진은 각 계열사에 흩어져 있는 전장 사업을 한데 모아 새로운 법인을 설립하는 방안도 고민 중이다. 고위 관계자는 이렇게 말했다.

"계열사를 모두 모아 새로운 법인을 설립하면 마케팅을 효과적으로 진행할 수 있습니다. 그리고 지금처럼 각 계열사에 흩어져 있는 체제에서는 각각의 분야에서 기술력을 쌓을 수 있습니다. 기술적 독립성이 어느 정도 확보되면 마케팅 시너지를 위해 자연스럽게 독립을 고려하게 될 것입니다."

우리 삶에 성큼 다가온 인공지능과 로봇

두 라이벌의 서로 다른 전략

2010년 삼성전자와 LG전자의 스마트폰 전략은 극명하게 갈렸다. 독자적 운영체제를 개발해 시장의 주도권을 잡느냐(삼성), 구글이나 마이크로소프트와 전략적 제휴를 강화하느냐(LG)의 차이였다.

삼성전자는 구글 안드로이드에 종속되지 않기 위해 '독자 생태계'를 구축하려 했다. 하지만 쉽지 않았다. 2010년 독자적인 운영체제 '바다'를 출시했으나 실패했다. 국내외 업체들과 연합한 '타이젠'으로 재도전에 나섰지만 점유율을 높이지 못했다. 현재 타이젠은 스마트워치, TV, 생활가전 등 사물인터넷(IoT) 전용 운영체제로 방향을 튼 상태다. LG전자는 독자 생태계를 구축할 여력 자체가 없었다. 결국 애플을 제외한 대부분의 스마트폰 제조사는 구글 안드로이드 진영에 포함됐다.

인공지능(AI) 플랫폼에서도 두 회사는 스마트폰 운영체제를 선택할 때와 같은 전략을 편다. 삼성전자는 AI 플랫폼 '빅스비' 단독 체제로 주도권을 잡겠다는 계획이다. 반면 LG전자는 자체 AI 플랫폼 '딥씽큐'뿐만 아니라 구글 어시스턴트, 아마존 알렉사 등과 자유로이 협업해 열린 생태계를 구축하겠다는 복안이다.

삼성전자가 빅스비를 강화하기로 한 것은 데이터 주도권을 잡기 위해서다. 아직은 타사 플랫폼과 비교해 인식률(말을 알아듣는 수준)이 낮지만 학습량을 늘리고 데이터를 축적해 더 강력한 플랫폼으로 만들 계획이다. 삼성 기기에 구글, 아마존 등의 AI 플랫폼을 탑재할 경우 데이터를 축적할 수 없어 기술 개발에 한계가 생기기 때문이다.

삼성이 자체 AI 플랫폼을 포기하지 못하는 이유는 단순하다. 음성 인식 기술력과 그렇게 쌓은 데이터에 대한 소유권이 AI 전쟁의 승패를 가를 것으로 판단하기 때문이다. 삼성전자 경영진은 구글과 아마존, 삼성과 애플 모두 각자의 전문 분야를 가지고 있다고 보고 있다. 구글 어시스턴트는 '검색'에, 아마존 알렉사는 '쇼핑'에 특화돼 있다. 삼성의 무기는 매년 전 세계에서 5억 대씩 팔리는 '기기'다. 삼성 역시 여러 글로벌 기업과 협업하겠지만, 그 협업의 방향성은 삼성 제품에 구글 어시스턴트를 탑재하는 것 이상이 될 것이다. 홀로서기가 가능한 구조를 구축해야 향후 플랫폼 전쟁에서 글로벌 기업에 종속되지 않고 협상에서 유리한 고지를 점할 수 있다. 이런 판단 아래 삼성전자는 당분간 빅스비 단독 체제를 유지하며 AI 기능을 강화할 것이다.

반면 LG전자는 일찌감치 열린 생태계를 구축하기로 했다. 구글 어시스턴트는 검색에, 아마존 알렉사는 쇼핑에 강점을 가진 상황에서 이들과 협업하지 않을 이유가 없다. LG전자는 현재 가전과 로봇에 자체 AI 플랫폼인 딥씽큐뿐만 아니라 어시스턴트와 알렉사 등 타사 AI 플랫폼도 함께 탑재하고 있다. 영화를 보다가 영화에 나온 지역의 이름과 위치를 알고 싶을 땐 구글 맵을 통해 확인하고, TV 드라마에 등장하는 제품을 구매하고 싶을 땐 아마존을 통해 제품을 구매하는 등 AI 적용 범위는 무궁무진하다. LG전자 혼자서는 할 수 없는 일들이다.

다른 플랫폼에만 의존하는 것은 아니다. LG전자는 스마트 TV와 디지털 사이니지 등에 독자 운영체제인 '웹OS'를 적용하고 있다. 웹OS는 PDA의 원조 격이었던 팜이 2009년 발표한 운영체제다. 이후 HP가 팜을 인수했고, LG전자는 2013년 HP로부터 웹OS 권리를 사들였다. LG전자 TV에 탑재된 AI는 정확히 표현하면 '어시스턴트 on 웹OS'다. 웹OS라는 플랫폼 위에서 구글 어시스턴트가 작동하는 방식이다. 한편, 독자적인 OS를 갖고 있지 않은 소니의 경우 구글이 만들어주는 대로 플랫폼을 가동할 수밖에 없다. TV에 최적화된 플랫폼이 되기에는 미진한 점이 있다.

LG전자는 오픈 플랫폼 전략을 펴면서도 웹OS를 통해 AI 주도권을 쥐고 갈 계획이다. 권봉석 LG전자 HE 부문장(사장)은 이렇게 설명한다.

"교차로에 신호등이 있고, 웹OS와 구글 어시스턴트, 아마존 알렉사라는 다양한 갈래의 길이 있다고 보면 됩니다. 고객이 어떤 명령을 내리는지를 분석해 검색은 구글로, 쇼핑은 아마존으로, 'TV 채널 변경' 등 TV에 특화된 명령은 웹OS로 보내 정보를 처리하게 하는 것입니다."

교차로에서 다양한 명령어를 서로 다른 곳으로 보내는 신호등 역할을 하는 주체는 결국 LG전자다. 정보를 직접 컨트롤하는 만큼 구글, 아마존을 상대할 때도 협상력을 유지할 수 있다는 것이다.

구글, 아마존과의 협력 과정에서 발생하는 종속 문제에 대해서는 이렇게 설명한다.

"AI 서비스를 제공하는 소프트웨어 업체들은 LG전자가 가진 하드웨어를 굉장히 탐내고 있어요. 경쟁적으로 여러 업체가 협력 관계를 제안하고 있기 때문에 충분히 협상력을 높일 수 있습니다."

웹OS는 타사 플랫폼과의 연계는 물론 다른 브랜드 가전 제품과의 호환도 가능하다. 로봇, 커넥티드카, 자율주행차 등과도 자유롭게 연결된다.

"웹OS의 안정성이 이미 검증된 만큼, 오픈소스화를 통해 소스 자체의 경쟁력을 강화하고 외부 개발자들을 통해 관련 기술을 더욱 발전시킬 계획입니다."

가전 명가에서 로봇 명가로

"신규 승진 임원을 소개해드릴게요. 신임 임원들에겐 다른 어떤 해보다 2019년이 뜻깊을 것 같네요."

2019년 1월 마곡동 LG사이언스파크에서 열린 LG 새해 모임에서 사회자로 데뷔한 인공지능 로봇 클로이(CLOi)가 분위기를 띄웠다. 곧이어 스크린에는 신임 임원들의 전신을 3차원(3D) 그래픽으로 구현한 영상이 나타났다.

로봇 사업은 미래 사업의 중요한 축이다. LG전자의 첫 번째 로봇은 2003년 출시한 청소용 로봇 '로보킹'이다. 이후 로봇청소기는 계속 진화했지만 서비스 로봇 제품군이 늘어나지는 않았다. 변화는 인공지능과 자율주행 기술의 발전으로 찾아왔다.

LG전자는 2017년 1월 라스베이거스에서 열린 'CES 2017'에서 홈 로봇과 청소 로봇, 잔디깎이 로봇, 안내 로봇을 처음 공개하며 본격적인 로봇 사업에 뛰어들었다. 특히 인천국제공항과 스타필드 하남에서 안내 로봇을 운영하며 상업용 로봇 시장의 선두주자라는 이미지를 심었다.

1년 후 'CES 2018'에서는 서빙 로봇, 포터 로봇, 쇼핑카트 로봇 등 상업용 로봇 3종을 추가로 공개하고 로봇 포트폴리오를 총칭하는 브랜드 클로이를 선보였다. 클로이는 '똑똑하면서도(Clever&Clear) 친근한(Close) 인공지능 로봇(Operating intelligence)'을 의미한다. 일상생활에서 스스로 생각하고 고객과 교감하며 편의를 제공하는 동반자를 지향하는 로봇이다. 'CES 2019'에서는 산업 현장에서 사용자의 허리 근력을 보조하는 웨어러블 로봇 '수트봇'을 선보이며 포트폴리오를 확장했다.

하드웨어에 강점을 가진 가전 기업으로서 로봇 산업은 LG전자의 강점을 극대화할 수 있는 분야다. 특히 산업용 로봇의 가능성에 주목하고 있는데, 스마트팩토리 구축으로 공장 자동화가 이뤄지면서 산업용 로봇 시장이 급속도로 성장할 것으로 판단했기 때문이다. 2018년에는 국내 산업용 로봇 제조 1위 기업인 로보스타의 지분 30%를 취득하고 경영권을 인수했다. 약 800억 원 규모로, 국내 로봇 관련 인수·합병 중 가장 큰 규모였다.

조성진 LG전자 부회장은 산업 로봇의 전망에 대해 이렇게 말했다.

"LG 공장이 전 세계에 1000곳이 넘습니다. 이들 공장에 들어가는 로봇만 해도 산업용 로봇 수요는 굉장히 크죠."

LG전자는 스마트팩토리 구축이 확대되면서 2022년까지 국내외 사업장의 산업용 로봇이 지금보다 7배 이상 늘어날 것으로 전망하고 있다.

LG전자는 로보스타 외에도 웨어러블 로봇 스타트업 에스지로보틱스, 로봇 개발 업체 로보티즈, AI 스타트업 아크릴, 매장관리 로봇 개발 업체 보사노바로보틱스까지 다양한 로봇 관련 스타트업의 지분을 사들였다. 그리고 2018년에는 CEO 직속으로 로봇 사업센터도 신설했다.

식량을 보호하자, 생명을 연구하자

과거에서 미래를 보다

"입학 자격은 중졸 이상자로서 농촌으로 돌아가 축산업을 자영할 수 있는 사람으로 시·읍·면장의 추천을 받아야 한다. 입학금은 물론 숙식과 그 밖의 모든 비용을 학교 측에서 부담한다."

1974년 2월 각 언론에 실린 연암축산고등 기술학교(현 연암대학교) 설립 기사 중 일부다. 축산가를 양성할 목적으로 약 9만 평의 대지에 교사와 실습지를 마련하고, 600만 평의 비육우단지를 확보해뒀다는 내용도 나온다.

1977년에는 연암축산원예전문대학으로 승격되어 국내 최초의 2년제 축산전문학교가 됐다. 농업에 대한 LG의 관심은 구인회 창업회장 때부터 시작돼 대를 이어왔다. 구자경 명예회장은 1970년대 공업 발전의 그늘에 가려 낙후된 우리 농촌의 균형 잡힌 발전을 위해서는 농업 근대화의 기수가 될 인재를 양성하는 것이 가장 중요하다고 판단했다.

농·축산업에서 미래를 발굴하려는 노력은 각 사업 영역에서도 이어졌다. 2016년 LG화학이 동부팜한농을 5000억 원에 인수한 것이 대표적이다. 당시 LG화학 경영진이 가장 시급하게 물색한 매물은 사실 바이오 관련 기업이었다. 그랬기에 시장에서는 LG화학의 동부팜한농 인수를 이례적이라고 평가했다.

당시 동부팜한농 인수에 관여했던 관계자는 동부팜한농 인수 결정이 구본무 회장의 애국심에서 시작됐다고 설명했다. LG그룹 오너 일가는 선대 회장 때부터 종자 육성 및 농약과 비료 국산화에 대한 열망이 컸다. 국립산림과학원과 LG생명과학이 함께 소나무재선충병 감염 진단 키트를 개발했고, LG상록재단은 산림청과 공동으로 실내 재배용 무궁화의 품종 개발과 보급에 나서기도 했다.

구본무 회장은 우리 종자 주권이 외국으로 넘어간 데 심각한 위기의식을 갖고 있었다. 일본계 사모펀드에 동부팜한 농이 넘어갈 뻔한 상황에서 LG그룹이 인수전에 뛰어든 것도 종자 주권을 지키고 싶어서였다. 미래 식량 부족 문제에 대한 위기감이 커지는 가운데 장기적으로 봤을 때 그린 바이오 분야의 성장 가능성도 크다고 판단했다.

행복 가득한 내일의 삶을 위하여

"그린 바이오 부문에 사업성이 있다는 것은 분명했지만, 그만큼 오랜 기간 투자가 필요한 사업이었습니다. 오너의 결단이 아니었다면 인수를 추진하기 어려웠을 거예요."

LG화학은 그린 바이오를 핵심 산업으로 육성하고 있다. 2025년까지 그린 바이오 분야 톱10 기업으로 성장하겠다는 목표도 세웠다. 특이한 점은 사업성을 중심으로 의사결정을 하는 여타 그룹과 달리 사업을 육성하는 기준에 '당위성'이 포함돼 있다는 점이다. LG그룹은 70주년을 맞은 구본무 회장은 우리 종자 주권이 외국으로 넘어간 데 심각한 위기의식을 갖고 있었다. 일본계 사모펀드에 동부팜한농이 넘어갈 뻔한 상황에서 LG그룹이 인수전에 뛰어든 것도 종자 주권을 지키고 싶어서였다.

2017년, '옳은 미래'라는 캠페인을 벌이면서 흙에서 새싹이 자라나는 사진과 함께 다음과 같은 문구를 넣었다.

"인류의 건강에 가장 필요한 것은 무엇일까. 건강한 지구를 위해 먼저 해야 하는 것은 무엇일까. 식량을 보호하자. 생명을 연구하자. 오직 행복만 가득한 내일의 삶을 만들자. LG화학은 자연생태계에 꼭 필요한 식량과 종자를 보호하고 건강을 위한 의약품과 백신을 개발해 인류의 풍요로운 삶을 만들어가고 있습니다."

그런 바이오 사업을 육성하는 이유는 식량 부족 문제를 해결하려면 더 적은 자원으로 더 많은 가치를 창출하는 기술이 필수적이기 때문이다.

LG CNS는 스마트팜 조성 사업에도 뛰어들었다. 사물인터넷과 인공지능, 빅데이터와 클라우드 컴퓨팅 등 첨단 기술을 접목하면 농업도 진화할 수 있다. 스마트팜은 작물 재배에 정보통신기술(ICT)을 접목해 온도와 습도, 일조량 등을 자동으로 제어해 수확량을 최대로 끌어올리는 첨단 농장이다. 세계 각지에서 스마트팜은 이미 하나의 거대한 트렌드가 됐다. 네덜란드 '프리바'는 온실 복합 환경 제어 시스템 및 센서 설비 분야에서 세계 시장을 주도하고 있다. 유전자 조작 작물로 유명한 '몬샌토'는 작물의 품종별 생육·생리 데이터를 분석해 작물의 재배 환경에 맞춰 품종을 개발하고 종자를 개발했다.

LG CNS는 물론 LG전자, LG이노텍, LG화학, LG하우시스 등의 계열사가 시너지를 낼 수도 있었다. 하지만 '대기업'이라는 꼬리표가 발목을 잡았다. LG CNS는 2016년 2월 새만금 산업단지에 여의도 면적의 4분의 1 규모(23만 평)로 스마트 바이오파크를 건립하겠다는 사업계획서를 새만금 개발청에 제출했다. 스마트팜 R&D센터와 가공 및 유통, 재배 시설 등을 세운다는 내용이었다. 전체 부지의 3분의 1은 R&D에 사용하고 나머지 부지에서는 토마토, 파프리카 등을 재배할 계획이었다. 재계에서는 혁신적인 도전이라는 평가가 나왔다.

하지만 농민단체의 반발이 거셌다. 스마트팜에서 생산되는 농작물은 영세 농민들의 농작물과 비교해 가격 경쟁에서 우위를 점할 수밖에 없다는 이유였다. 스마트팜 단지의 핵심 목적은 설비 연구이며, 생산된 농산물은 국내 농업과의 경쟁을 피해 전량 수출하겠다고 설명했지만 소용없었다.

전국농민회총연맹은 '대기업 농업 진출 저지를 위한 농업계공동대책위원회'를 꾸리고 여의도 전국경제인연합회 앞에서 '대기업 LG 농업 진출 저지 기자회견'을 여는 등 상경투쟁을 이어갔다. 결국 LG CNS는 2016년 9월 농업계의 우려에 새만금 스마트팜 사업 추진을 중단한다고 발표했다. 하지만 그린 바이오 산업을 위한 LG의 노력은 계속되고 있다.

LG의 오너 관계사들

처음 의기투합해 동업을 했던 이들이 시간이 지나서는 원수가 되는 일을 흔히 볼 수 있다. 당장 내일 어떤 일이 일어날지 모르는 것이 세상사다 보니 아무리 굳건한 동업자 사이라도 언제 예상치 못한 일로 바뀔지 모른다. 서로 다른 길을 걷게 되는 시점에서 대부분의 경영자는 관계의 끈을 쉽게 놓아버리고, 때로는 갈등 끝에 적이 되기도 한다. '다시 보지 않을 사람'이라고 생각되는 상대에게 마지막까지 예의를 다하고, 먼저 나서서 적절한 보상을 챙겨주기는 쉽지 않다.

LG의 경영사를 살펴보면 경영에 참여하던 오너 일가 중 한 명이 퇴진하면 항상 보상이 따랐다. 크고 작은 계열사의 경영권을 인수해 나가거나, LG 계열사의 지분을 현금화한 돈으로 새로운 사업을 시작했다. 대신 분리한 계열사의 경영이나 새로운 사업에 실패하더라도 LG그룹에는 더는 손을 벌리지 않는 것이 관례로 정착됐다. 이런 보상구조는 LG가 70여 년의 세월을 거쳐오면서 오너 일가와 관련된 잡음이 한 번도 나오지 않은 배경이 됐다.

어떻게 분리해 나갔나

LG그룹은 창업주 구인회의 형제들을 시작으로 2대 구자경 명예회장, 3대 구본무 회장의 형제들까지 대부분 분가해 자신의 기업을 차렸다. 1대 창업주부터 3대까지 차례대로 형제 일가의 사업 현황을 살펴보면 관계회사들을 비교적 일목요연하게 파악할 수 있다.

우선 구인회 창업주에게는 구철회·구정회·구태회·구평회·구두회 등 5명의 동생이 있다. 이중 셋째 동생인 구태회부터 세 형제는 앞서 살펴본 대로 LS그룹을 거느리고 독립했다.

창업주 형제 중 구인회와 함께 진주에서 포목점 사업에

나서면서 형제 중 가장 일찍 사업에 뛰어들었던 둘째 구철회는 구인회가 별세한 지 6년이 지난 1975년 뒤따라 세상을 떴다. 구철회의 일가는 1999년 LG 계열사에서 LG화재(현 KB손해보험), LG정밀(현 LIG넥스원) 등을 이끌고 계열분리했다. 계열분리 당시 LG화재 사장이던 구자훈 LIG문화재단 이사장, LG정밀 부사장을 맡고 있던 구자준 전 LIG손해보험 회장 등 구철회의 아들 형제는 LG를 떠나 LIG그룹을 세웠다. 이후 LIG그룹은 각종 사건에 연루돼 독립 당시 주력이던 LIG손해보험 등 금융 계열사를 매각하며 부침을 겪었다.

셋째인 구정회는 1977년 물류 업체 범한흥산(현 판토스)을 설립해 독립했다. 금성사 사장을 맡으며 전자 사업을 이끌고 '럭키'라는 상호를 창안하는 등 초창기 LG 발전에 큰 역할을 했지만, 조카 구자경 명예회장을 위해 과감히 새로운 길을 찾아 나선 것이다. 판토스는 방계회사로 독립해 나갔다가 다시 LG 계열사로 편입된 특이한 이력도 있다. LG 계열사의 해외 수출입 물량은 물론 코카콜라 등 글로벌 음료 제조사들의 화물까지 맡으며 국내 주요 물류회사로 성장하던 2015년 3월, LG상사가 판토스 지분 51%를 구정회의 손자 구본호로부터 매입한 것이다. 나머지 지분도 구광모 회장 등 LG 오너 일가가 나눠 매입하며 완전히 LG 계열사로 편입했다. 편입 당시 판토스의 전체 물류 처리 물량에서 LG 계열사들이 처리하는 비중이 60%에 이르는 등 연관성이 큰 데다 LG상사와의 시너지도 기대됐다는 설명이다. 구본호는 판토스를 LG그룹에 넘긴 이후 판토스의 관계사였던 여행사 레드캡투어를 떼어내 이끌고 있다.

2대 구자경 명예회장의 형제는 구자승·구자학·구자두·구자일·구자극 등이다. 둘째로 반도상사(현 LG상사)를 이끌었던 구자승은 1974년 47세의 젊은 나이에 작고했다. 그해 LG상사는 반도패션이라는 이름으로 의류 사업을 시작했다. 구자승의 아들인 구본걸 회장은 33년이 지난 2006년 LG상사에서 패션 사업부를 떼어낸 뒤 2007년 LG그룹에서도 독립했다. 이 회사는 2014년 LF로 이름을 바꿨다. 그 밖의 계열사들과 달리 LG상사는 지주사 체제에 속해 있지 않고 LG 오너 일가가 지분을 나눠 갖고 있던 회사였기에 가능했다.

셋째 구자학은 2000년 LG유통(현 GS리테일)의 급식 사업부이던 아워홈을 분리해 독립했다. 1988년 금성반도체 회장으로 승진했지만 구자경 명예회장 등 그룹 원로들의 뜻에 따라 다른 CEO급 오너 일가와 함께 경영 일선에서 물러난 지 12년 만이었다. 이병철 회장의 딸인 이숙희 씨와 결혼해 한때 호텔신라 사장까지 맡는 등 LG 오너 일가 중에서는 유일하게 삼성에서 근무한 경험이 있다. 아워홈은 LG가에서는 이례적으로 구자학의 막내딸인 구지은이 적극적으로 경영에 참여해 장자 승계의 전통이 깨지는 것 아니냐는 관측이 나오기도 했다. 하지만 2016년 장남인 구본성이 부회장에 올랐고, 장자 승계 원칙은 어김없이 지켜질 전망이다.

넷째인 구자두도 1988년 LG유통 부회장으로 승진했지만 일선 경영에서는 손을 뗐고, 2000년 LG벤처투자를 이끌고 나갔다. 1996년 LG창업투자로 설립되어 주로 벤처기업 및 유망 중소기업의 투자를 맡았던 회사로 2008년 LB인베스트먼트로 이름을 바꿨다. 다섯째 구자일은 일찌감치 독립했다. 1987년 화학업을 영위하는 일양안티몬을 세워 자기 사업을 시작했다. 1993년에 일양화학으로 이름을 바꿨고,

불에 타지 않는 화학물질 등을 생산하고 있다. 1997년에는 플라스틱 성형사출품 제조 업체 일해를 설립했으며, 1999년 LG패션에서 분사한 유니폼 제조 사업부문도 인수했다. 2009년에는 청소기 부품을 만드는 성운전자를 설립해 산하에 4개의 기업을 거느리게 됐다. 막내인 구자극은 반도체와 디스플레이 제조에 필요한 클린룸 전문 건설 업체 엑사이엔씨를 설립해 1991년부터 독자 행보를 하고 있다.

이들 형제는 조카인 구본무 회장이 그룹 총수에 오른 1995년 이전에 경영 일선에서 물러나거나 자신의 사업을 시작했다. 구자학·구자두 회장은 2001년 본격적인 지주사 전환 작업에 돌입하기 전에 계열분리해 나갔다.

3대 구본무 회장의 4형제 중에서는 둘째인 구본능과 넷째인 구본식이 1996년 1월 희성그룹으로 계열분리해 나갔다. 구본무 회장이 그룹 총수를 맡은 지 1년 만의 일이다. 2대 구자경 명예회장이 현직에 있을 때 그 형제들은 물론 창업주의 형제들도 경영에 참여했던 것을 고려하면 독립이 빨랐다. 계열분리 당시의 주력사는 국제전선(현 가온전선)으로 희성금속, 한국엥겔하드(현 희성촉매), 상농기업(현 희성전자), 원광(현 희성화학), 진광정기(현 희성정밀) 등이 함께 희성 그룹을 이뤘다.

희성그룹의 공식적인 계열분리는 1996년이지만 구본능 희성그룹 회장은 1992년부터 계열사를 하나둘 이끌고 나 갔다. 1992년 6월 희성금속과 한국엥겔하드를 LG그룹에서 분리해 홀로서기를 시작했다. 1994년에는 상농기업과 원 광, 진광전기의 지분을 인수했으며 1995년 4월에 마지막으 로 국제전선의 지분을 인수했다. 계열분리 당시 희성그룹 계열사 중 가장 규모가 컸던 국제전선은 1996년 사명이 희 성전선으로 바뀌었다가 LS그룹 계열분리가 가시화된 2003 년 12월 LS전선에 매각됐다. 범용 전선을 취급하는 희성전 선과 초고압 전선을 중심으로 하는 LS전선의 시너지가 기 대됐기 때문이다. 희성그룹은 계열분리 이후에도 추가 인 수·합병을 통해 2018년 기준 9개 계열사를 거느리고 있다.

LG식 '협력적 분업 체제'의 구조

이렇게 분리된 LG그룹 방계회사들은 회사에 따라 비중의 차이는 있지만 대부분 LG 계열사들과 협력 관계를 맺고 있다. 투자회사인 LB인베스트먼트나 국방부를 고객으로 하는 방산 업체 LIG넥스원 등이 예외로 꼽힐 정도다. 예컨대 희성전자가 LG디스플레이의 사업조정에 따라 LCD 모듈 조립 사업 비중을 늘리는 등, 사업 포트폴리오도 LG 계열사의 움직임에 영향을 받는다. 아워홈이 독자 외식 브랜드를 잇달아 내놓는 등 LG 계열사에 대한 의존도를 줄이려는 움직임도 많지만, 과거 LG그룹 안에서 성장했던 만큼 완전히 자유롭기는 힘들다. 이런 LG그룹과 방계회사들 사이의 관계는 한때 '협력적 분업 체제'로 불리기도 했다.

전체적인 흐름을 놓고 보면 LG그룹과 방계회사들 사이의 관계 이면에는 유교적 가족 문화가 흐르고 있다고 분석할 수 있다. 가족 및 친척들은 가문의 유산에 대한 장손의 지배력을 철저히 인정하고, 장손은 이런 존중에 대한 보답으로 일족이 삶을 영위할 수 있는 터전을 책임진다. 그런 점을 고려할 때 한국 기업사에서 찾아보기 힘들 만큼 잡음이 없는 매끄러운 경영권 승계 과정과 잦은 계열분리는 동전의 양면일 수 있다. 물론 이는 장손이나 가문의 결정에 동의

하는 문화가 전제됐기에 가능한 것이다. LG그룹의 성장 과정에 많은 오너 일가가 참여했던 만큼, 각자 자신의 공을 부각하고자 한다면 계열분리된 회사에 만족하지 못할 수도 있다. 하지만 계열분리 과정에서 갈등이 바깥으로 표출된 사례가 없음은 물론, 분리 후에도 관련 기업 사이에 문제가 발생한 사례를 찾기 힘들다. 경영권의 분리와 별개로 각각의 기업을 경영하는 LG 오너가가 강하게 결속돼 있음을 짐작할 수 있다.

계열분리 이후에도 LG나 방계회사들의 필요에 따라 사업이나 계열사를 서로 떼고 붙이는 모습을 자주 목격할 수 있다. 앞에서 살펴본 LG상사의 판토스 인수나 LS전선의 희성전선 인수가 단적인 예다. 2011년에는 LG전자가 사업 확장 과정에서 LS엠트론의 공조기 사업부문을 인수하기도 했다. 계열분리 이후 관계가 남보다 더 나빠지는 대기업 집단의 사례가 드물지 않다는 점을 고려하면 이 역시 LG 오너 일가 특유의 문화에서 뿌리를 찾을 수 있을 것으로 분석된다.

남성 형제들만큼은 아니지만 여성 형제들의 기업도 범

LG가와 관계를 맺기도 한다. 유교적 문화에 따라 여성의 경영 참여 사례가 없는 만큼 여성 형제가 계열분리를 해 기업을 이끌고 나간 경우도 없다. 하지만 기업 가문에 시집 가면 해당 기업에 적극적인 지원을 하는 사례도 있다. 그 기업이 자력으로 벗어나기 힘든 위기에 빠졌을 때에 한해 서다. 구본무·구본능·구본준 형제의 여동생인 구미정 씨가 출가한 제지 업체 깨끗한나라가 대표적인 예다. 2006년 부터 3년간 거액의 손실을 내며 회사가 어려워지자 희성전자는 깨끗한나라의 지분 58%를 인수한 뒤 620억 원을 유상증자해 회사를 정상화했다. 이후 깨끗한나라의 경영이 본궤도에 오르자 2014년 기존 오너 일가에 주식을 넘기고 빠져나왔다.

노경목

서울대에서 고고미술사학과 중어중문학을 공부했다. 2005년 〈한국경제신문사〉에 입사해 부동산시장과 코스닥시장, 정당, 경찰 등을 취재했다. 2016년부터 LG그룹에 출입했으며, 현재는 중국 선전 특파원으로 일하고 있다. 저서로는 《차이나 콤플렉스》, 《리더처럼 질문하라(공저)》, 《캄프라드, 모험 없이는 이케아도 없지》 등이 있다.

고재연

고려대에서 독어독문학과 미디어학을 공부했다. 2014년 〈한국경제신문사〉에 입사해 정당과 문화계, 재계 등을 취재했다. 2018년부터 LG그룹에 출입하고 있다.

세계적 기업은 왜 기본을 말하는가
LG Way 엘지 웨이

제1판 1쇄 발행 | 2019년 6월 24일
제1판 10쇄 발행 | 2022년 7월 25일

지은이 | 노경목 · 고재연
펴낸이 | 오형규
펴낸곳 | 한국경제신문 한경BP
책임편집 | 윤효진
교정교열 | 공순례
저작권 | 백상아
홍보 | 이여진 · 박도현 · 하승예
마케팅 | 김규형 · 정우연
디자인 | 지소영
본문디자인 | 디자인 현

주소 | 서울특별시 중구 청파로 463
기획출판팀 | 02-3604-590, 584
영업마케팅팀 | 02-3604-595, 583 FAX | 02-3604-599
H | http://bp.hankyung.com E | bp@hankyung.com
F | www.facebook.com/hankyungbp
등록 | 제 2-315(1967. 5. 15)

ISBN 978-89-475-4492-4 03320